RELACIONAMENTO, INFLUÊNCIA E NEGÓCIOS

CARO LEITOR,
Queremos saber sua opinião sobre nossos livros.
Após a leitura, curta-nos no facebook/editoragentebr,
siga-nos no Twitter @EditoraGente e
visite-nos no site www.editoragente.com.br.
Cadastre-se e contribua com sugestões, críticas ou elogios.
Boa leitura!

• MÁRCIO GIACOBELLI •

RELACIONAMENTO, INFLUÊNCIA E NEGÓCIOS

Um guia prático, inspirador e estratégico para ajudar você a dominar o mundo das vendas

Diretora
Rosely Boschini

Gerente Editorial
Marília Chaves

Editora e Supervisora de Produção Editorial
Rosângela de Araujo Pinheiro Barbosa

Assistentes Editoriais
César Carvalho e Natália Mori Marques

Controle de Produção
Karina Groschitz

Projeto Gráfico e Diagramação
Triall Editorial Ltda

Revisão
Vero Verbo Serviços Editoriais

Ilustrações de Miolo
Leonardo Conceição

Capa
Typo Studio

Impressão
Assahi Gráfica

Copyright © 2016 by Márcio Giacobelli

Todos os direitos desta edição são reservados à Editora Gente.

Rua Pedro Soares de Almeida, 114,
São Paulo, SP – CEP 05029-030

Telefone: (11) 3670-2500

Site: http://www.editoragente.com.br

E-mail: gente@editoragente.com.br

Dados Internacionais de Catalogação na Publicação (CIP)
Angélica Ilacqua CRB-8/7057

Giacobelli, Márcio
Relacionamento, influência e negócios : um guia prático, inspirador e estratégico para ajudar você a dominar o mundo das vendas / Márcio Giacobelli. – São Paulo: Editora Gente, 2016.
144 p.

ISBN: 978-85-452-0057-4

1. Sucesso nos negócios   2. Vendas   3. Autorrealização   4. Satisfação no trabalho   I. Título

16-0470   CDD 650.1

Índice para catálogo sistemático:
1. Sucesso nos negócios 650.1

Para meus pais,

LOURIVAL GIACOBELLI E
MARIA A. GIACOBELLI.

Agradecimentos

Este livro surgiu do meu relacionamento com várias pessoas, desenvolvido nas diversas equipes que liderei ao longo de muitas atividades e aprendizados, bem como com os amigos que participaram da minha vida.

Deixo aqui minha gratidão a todos os que me fizeram crescer como ser humano e me apoiaram na descoberta do propósito de ajudar as pessoas a transformar vidas, por meio de conteúdo e produtos que as apoiem no que queiram empreender.

Este texto não teria existido sem o trabalho maravilhoso da minha esposa, Cláudia, que a cada dia tem me feito sonhar, sentir-me melhor, crescer, rir, acreditar, querer mudar, ir em frente, compartilhar e ter atitudes para tornar este mundo um lugar mais agradável para viver.

Agradeço aos meus filhos Filipe, Bárbara e Márcio Jr., pelas sugestões neste projeto, quanto aos assuntos digitais.

Aos meus clientes e aos queridos amigos que me seguem nas redes sociais e em minhas palestras e treinamentos, meu muito obrigado.

Sou muito grato aos queridos Alessandro Carlucci, Carlos Wizard Martins e Oswaldo Melantonio Filho que me inspiraram.

Seria difícil lançar este livro sem viver a experiência que tive com todas as pessoas que trabalharam comigo nesta indústria maravilhosa, em especial Alexandre Arbex, Alê Freitas, Alexandre Vieira, André Bergamini, Cida Franco, Claudio Oporto, Cris Hardt, João Menezes, João de Lorenzo Neto, José Carlos Dias, Ludmila Groessler, Marcelo Santos e Mauro Melo que ajudaram na minha trajetória profissional.

Agradeço aos amigos da Ticket Serviços: Alessandra Maier, Alexandre Felix, Dalva Braga, Eduardo Távora, Fernanda Cordeiro, Luís Antônio Ribeiro, Plinio Brito. Ao Rafael Thomé Moreira, por ter me apresentado o marketing digital, e ao Rafa Prado, por ter me ajudado no posicionamento desse mercado. Aos líderes executivos Antônio Mônaco Jr., Claudio Eschecolla, Lásaro do Carmo Jr., Marcel Szajubok, Ivan de Martins, pelo apoio no empreendedorismo.

E ao meu querido amigo e coach, José Ricardo Grilo, pelos diálogos edificantes.

Sou grato a todos os líderes do marketing multinível quem têm multiplicado oportunidades de negócio a pessoas que queiram mudar de vida, em especial, a Edmundo Roveri, Elton Oshiro e Claudio Henrique. Aos integrantes do grupo Legado Milionário: Cristina Siqueira Amaral, Fabio Ishiuti, Fernando de Freitas, Gervásio Mikami, João Carlos Gondim, Lara Titon, Marcelo Germano, Marcio Adriano, Marco Querini, Ramon Tessmann, Renato Hombo, Roberto Navarro, Sandro Franco, Wallace Liimaa e Wesllaine Miranda Castro que me mostraram um caminho para novas ideias.

Agradeço ao meu querido amigo Eduardo Seidenthal, que me incentivou a empreender. Aos grupos de *mastermind* de que faço parte. MMNmind, MPG Mega Partners Group, em especial, a Alan Pakes, Amanda Passavante, Bruno Pinheiro, Dennis Okada, Everton Saulo e Helio Tatsuo, que me ensinaram a enxergar outras perspectivas de negócios.

Meu obrigado ao querido amigo Pablo Paucar, o maior especialista em mentalidade que conheço, pela dedicação em fomentar o marketing multinível no Brasil.

Quero também manifestar minha gratidão aos amigos da Editora Gente, em especial, a Rosely Boschini, por acreditar neste projeto, e aos profissionais: Danyelle Sakugawa, Rosângela Barbosa, Keila Maria Marra da Silva e Fabrício Batista dos Santos.

Sou imensamente grato à minha mãe, Maria Aviler Giacobelli, por todo o seu amor e carinho, ao meu pai, Lourival Giacobelli, que mesmo na pátria espiritual me inspira a trabalhar com dedicação e seriedade. A educação que recebi deles foi fundamental para a construção da pessoa que sou hoje.

Um livro não tem valor nem razão de ser sem seus leitores; por isso, agradeço a cada leitor, por me dar a oportunidade de mostrar como o empreendedorismo pode mudar uma vida.

Criar um livro requer trabalho em equipe. Eu tive a grande sorte de ter a mais excelente equipe ao meu lado. Obrigado a todos.

Sumário

Prefácio 11

Introdução 13

1. Iniciando a jornada 15
   Histórias de quem chegou lá 18

2. Um novo olhar sobre o emprego 23

3. Encontre uma inspiração 29
   O ex-mendigo 35
   Planejar é preciso 36
   Começar não é tudo 47
   Tome uma decisão 49
   O otimismo leva mais longe 52
   Aproveite sua caminhada 55
   A falta de tempo é uma grande desculpa 57
   Você é responsável pela sua felicidade 58

4. Você, empreendedor 61
   Decida o melhor para você 64
   Seja perseverante no começo 66
   Dicas de ouro sobre vendas por relacionamento 67

5. Você, líder de uma equipe (método) 71
   Como ter um time de alto desempenho? 74
   Tenha um plano de desenvolvimento individual da sua equipe 76
   A importância do treinamento 78

6. Você, dono do negócio 81
   Como começar a sua rede? 84
   Incentive sua rede 88
   Os erros mais comuns 89
   A importância da relação humana 90
   Suas metas 92
   Disciplina, disciplina e disciplina 98
   Seja protagonista e não vítima 99
   Quantos "nãos" você é capaz de receber? 103
   Crie um hábito em você 105
   Crie um hábito em seu cliente 108
   Dicas para o dia a dia 111
   Controle suas finanças 119
   Busque a excelência 120
   Busque o impossível 123
   Nesse negócio, sem relacionamento, não tem negócio 126
   A arte de se relacionar 128
   O detalhe que faz a diferença 129

7. Tenha dinheiro, mas não deixe o dinheiro ter você 131
   Seja grato 134
   Sozinho você não faz nada 137

Notas 139

Prefácio

Fiquei muito feliz e honrado quando o Márcio me convidou para escrever o prefácio deste livro. Primeiro, pelo conhecimento e pela experiência profissional que ele já acumulou em sua carreira, apesar de ainda ser muito jovem. Segundo, pela admiração pessoal que tenho por ele; trabalhamos juntos na Natura por uns bons anos e posso afirmar que ele é gente da melhor qualidade! Por último, mas não menos importante, pelo valor do livro, o que para você, leitor, é provavelmente o que mais interessa.

Apesar de a venda direta ser uma indústria que movimenta bilhões de dólares em todo o mundo e que dá oportunidades para quase 100 milhões de pessoas, do ponto de vista acadêmico ainda é pouco conhecida. A literatura é escassa, nem sempre de boa qualidade e, quando é, descreve a realidade dessa indústria em outros mercados, com características culturais e ambiente regulatório muito diferentes do nosso. Portanto, quando surge uma publicação com a qualidade desta que vocês estão prestes a ler, é um motivo de grande celebração e alegria.

Relacionamento, influência e negócios é um livro completo, que aborda os mais diversos aspectos da venda direta, mas é, ao mesmo tempo, muito prático e objetivo, dando ao leitor importantes informações e orientações sobre o que levar em conta quando se quer fazer parte dessa maravilhosa indústria. Uma leitura indispensável seja para revendedores diretos, seja para profissionais das empresas.

A venda direta tem algumas particularidades, duas delas merecem, a meu ver, especial destaque: **gente** e **relações**.

Gente, que antes de mais nada são indivíduos com sentimentos, necessidades e características diferentes e assim precisam ser tratados. Um dos pilares da venda por relacionamento é a força empreendedora das pessoas, cada um do seu jeito; com sua capacidade de liderar um grupo, de vender um produto ou serviço, de aprender, desenvolver-se e de gerar renda para si e para muitos outros.

Relações, pois é por meio delas que tanto as empresas como os revendedores diretos constroem suas redes que dão suporte a todo o negócio. Relações que precisam ser pautadas por respeito, confiança e transparência para que sejam duradouras. Sem isso, não tem negócio.

E o melhor de tudo é que dessa combinação de gente e relações surgem lindas histórias de realização e de amizade. Foi assim que conheci o Márcio Giacobelli

Isso, porém, é só o começo da história. Vire logo a página para se deliciar com tudo o que este livro tem para contar, tenho certeza de que você vai gostar muito.

Abraços e boa leitura.

ALESSANDRO CARLUCCI
Ex-presidente da World Federation of
Direct Selling Associations (WFDSA)

Introdução

Querido leitor, este não é um livro de autoajuda.

Não quero escrever palavras de efeito para motivação. Porque não acredito que alguém possa motivar outra pessoa. Apenas posso criar um ambiente para que você se automotive, um *rapport*, o clima favorável, a empatia, necessária para que haja o entusiasmo. Isso é fundamental para que você comece um relacionamento gratificante, que perdure e tenha bons frutos, seja no campo pessoal, seja no profissional.

Acredito que a motivação vem de dentro, é um processo que acontece internamente em você, e não o que alguém quer que você faça. Assim como entusiasmo (etimologicamente um êxtase divino que vem de dentro) que já está contido no interior de cada um, a motivação (do latim *movere*, quer dizer "deslocar, fazer mudar de lugar") é apenas isso, um deslocamento ou ajustamento de algo que já está em cada pessoa. Por isso ninguém motiva ninguém: como dizem os ingleses: "eu posso levar o cavalo até o rio, mas ele só vai beber água se quiser". Esse *movere* depende de cada pessoa, do *ânimo* de cada um.

Meu objetivo é transmitir conhecimento para você fazer acontecer na sua vida; inspirar-se e realizar seus sonhos. A minha finalidade é dar-lhe informações, para que você decida o que acha útil e descarte o que não funciona, no entanto, eu gostaria que você tentasse antes de julgar, pois acredito que todos são capazes de fazer, ter e ser o que quiserem, mas é preciso ter atitude.

Não vou ensinar nenhuma fórmula mágica, mas vou apresentar possibilidades. Você escolherá a melhor alternativa para você.

Também não vou ensiná-lo a ser feliz. Aliás, não acredite que alguém possa lhe ensinar isso. Porque, por definição, para ser feliz você precisa primeiro somente aceitar sua vida como é, e trabalhar com base em seus talentos e suas possibilidades.

Vejo muitas pessoas que prorrogam a felicidade para quando conquistarem alguma coisa, e a felicidade nunca chega, porque quando a conquistam, já desejam outra coisa.

A expectativa de que há, portanto, uma fórmula para uma vida feliz é a causa de muitas de nossas frustrações. O fato é que a felicidade não tem fórmula. Felicidade é quando você sente que sua vida está legal e não quer que o momento acabe, quer que ele dure mais tempo. Quanto mais momentos de vida assim, mais felicidade você sentirá.

Creio que qualquer conquista séria, nesse sentido, é consequência das suas atitudes, com muita dedicação, e de querer *fazer acontecer*.

Antes de tudo, porém, preciso que você se comprometa a acompanhar-me em algumas atitudes para tornar sua vida incrível.

São algumas atitudes que você precisa ter, para dar uma guinada e mudar sua vida.

Coisas simples, mas muito importantes.

Aliás, antes gostaria de lhe perguntar: qual seu sonho? Todos temos um sonho, mas muitos de nós se arrastam pela vida, sem decidir ir em busca dele. E mais: que qualidade de vida você deseja ter? Todas as pessoas também buscam uma qualidade de vida melhor, mas não mudam suas atitudes. Querem ter resultados diferentes, fazendo as mesmas coisas.

Para iniciar uma jornada em direção ao seu sonho, você precisa ter claro, em sua mente, o que de verdade você quer. Pergunte a si mesmo: o que realmente espero realizar? Poucas pessoas sabem, de fato, o que querem como "projeto de vida", e reclamam da vida que têm. Então, sejamos sensatos. Quando uma pessoa não sabe o que quer, não pode reclamar do que a vida lhe oferece. Não é verdade?

Contudo, saber o que realmente você sonha como "projeto de vida" não é o fim das suas buscas, mas o início da grande jornada. É por meio desse desejo sincero que sua vida pode começar a se transformar.

Deixe bem claro em sua mente o que você quer. Os pensamentos materializam as coisas.

Pense que você tem o poder de transformar sua vida, de despertar o sonho adormecido dentro de você. Se seu sonho inclui ter uma boa qualidade de vida, um bom relacionamento com as pessoas e mais dinheiro, então estou aqui para ajudá-lo.

Vou apresentar-lhe uma metodologia incrível que fará a diferença para você iniciar um negócio por intermédio da venda por relacionamento, ou alavancar a representação em que já trabalha.

Então, vamos em frente? Vamos despertar o empreendedor que há em você?

1

Iniciando a Jornada

"Uma grande jornada começa com um pequeno passo, mas cuidado com este passo: é o mais importante."

Mort Walker

Aquele era o domingo mais angustiante daquele período da sua vida, porque ela havia perdido o emprego na sexta-feira e estava sem rumo para o dia seguinte. Não sabia o que fazer. Precisava de outro trabalho para suprir as necessidades financeiras do lar. Casada desde jovem, tinha três filhos, cuidava deles com muito carinho e atenção, mas não lhe sobrava muito tempo para ficar com eles, pois dedicara-se demais ao emprego anterior, uma vez que desejava crescer profissionalmente. Agora, porém, estava desempregada e sem perspectiva.

Por algum tempo, ela tentou encontrar um novo emprego, mas todas as portas se fechavam. Desesperada, sem saber o que fazer, chorou e pediu a Deus uma oportunidade de trabalho.

Com a força de uma guerreira, levantou a cabeça e foi à luta. Era o começo da sua história de empreendedorismo como vendedora autônoma. No início, trabalhou com venda de roupas. Andava muitos quilômetros por dia, com uma bolsa de produtos e um caderninho de pedidos. Sua estratégia era vender os produtos da moda, assim teria mais segurança para convencer os clientes. Procurava estar sempre maquiada e perfumada, contagiando também os clientes com seu sorriso.

No entanto, sentia falta de apoio e treinamento que a impulsionassem profissionalmente. Tinha boa vontade de fazer as coisas, queria crescer, mas não tinha conhecimento. Foi então que ela se cadastrou como representante de uma empresa de marketing de rede. Percebeu depressa que podia voar bem mais alto e realizar seu sonho de ter estabilidade, com uma boa renda e mais tempo para ficar com a família.

Todos os dias convidava outras pessoas para trabalhar com ela, e logo formou uma equipe. Hoje, ela lidera um grupo de pessoas, faz controle dos pedidos e planejamento financeiro do seu negócio. É uma profissional bem-sucedida do setor.

Deolinda ou Nenê, como gosta de ser chamada, é um exemplo de empreendedorismo. Ela estava desempregada, com três filhos e muitas dívidas quando decidiu participar desse negócio promissor. No começo foi difícil, ela conta: "para conciliar a casa e o trabalho, tive de ser muito determinada", mas aos poucos ela foi organizando as coisas. Hoje, orgulha-se de dizer que conseguiu recursos para educar os três filhos, comprar a casa própria, ter seu carro novo, e viajar uma vez por ano para qualquer lugar do mundo.

O objetivo desta história verídica é mostrar a você que existe um caminho diferente do tradicional emprego com carteira assinada. A maioria de nós já ficou, em algum momento, perdida profissionalmente, sem saber que caminho seguir, e é certo que quando isso acontece ficamos tristes com a situação, sem perspectivas de uma vida melhor.

A finalidade deste livro é apresentar a você uma metodologia organizada e totalmente aplicável para seu crescimento pessoal, social, financeiro, emocional, intelectual e espiritual.

Histórias de Quem Chegou Lá

"Você tem de ter muito cuidado se não sabe para onde vai, porque talvez não chegue lá."

Yogi Berra

Ana Lucia morou em Panorama, interior de São Paulo, até seus 22 anos. Depois de muitas reflexões, decidiu mudar de vida, buscando algo a mais, e, onde morava, não via muitas perspectivas. Em 1996, decidiu morar em Jaguariúna, residindo por dois meses na casa de uma prima, e foi à luta em busca de trabalho. Obteve então uma colocação num restaurante e depois num escritório, com a noção de que a mudança não seria só para ela, pois a família em seguida também se mudou para a cidade.

Em seguida, resolveu estudar, ingressando na universidade, mas para conseguir pagar as mensalidades, teve de buscar uma renda extra, e resolveu ser consultora de cosméticos na venda por relacionamento.

Depois de quatro anos como empregada, foi demitida. Evidentemente, ficou muito preocupada com a falta de emprego, mas não se abateu. Recebeu sua indenização e focou a pronta-entrega dos produtos que revendia. Como adora maquiagem, resolveu investir parte da sua indenização em produtos de lançamento.

O negócio começou a ser mais lucrativo, pois a renda extra estava aumentando e, com isso, ela passou a investir em outros produtos de fácil comercialização, aprimorando assim seu lado empreendedor. Buscou ainda parcerias em feiras, empresas, grêmios, aumentando cada vez mais a visibilidade para seu empreendimento.

Ela mesma gosta de dizer: "trabalho somente com um aliado: Deus", e faz questão de atender seus clientes (virtual ou pessoalmente). Não abre mão disso. Com ela, não tem mau tempo. Faça chuva, faça sol, ela atende, por dia, uma média de vinte clientes; além disso, há as ligações que recebe de pessoas que querem realizar pedidos de produtos.

Por gostar muito de maquiagem, fez vários cursos, e se tornou uma profissional *expert* no produto que vende.

Quando mudou o rumo da sua vida, não sabia que ia conquistar tantos prêmios e muitas outras coisas importantes para ter mais tranquilidade e conforto.

Depois de anos morando de aluguel, comprou seu primeiro terreno, dando início ao seu grande sonho de construir e enfim, ter sua casa.

A construção não teve nenhum financiamento, tudo o que ela pagou foi com o dinheiro do seu trabalho no negócio de vendas por relacionamento.

E você acha que ela parou de sonhar? Não. Ela possuía um carro usado, adquirido com resultado de suas vendas, mas Ana Lucia queria mesmo era um carro novo. Então ela foi lá, batalhou e comprou o veículo à vista.

Conquistou muitas campanhas. Viajou para diversos lugares: Cancun, Punta Cana, Chile, Argentina, sem contar inúmeras viagens pelo Brasil.

Quando lhe perguntei qual o segredo de suas conquistas, ela me afirmou: "Tive muita coragem e ousadia. Transformei a minha vida, passei por momentos de alegria e outros nem tanto, mas o meu norte sempre foi a alegria de viver e vencer os obstáculos". E terminou dizendo: "Fiz muitos amigos realmente verdadeiros nessa jornada".

* * *

José Carlos sempre desejara ter um negócio próprio, mas nunca tivera coragem de sair do seu emprego tradicional. Trabalhava em um escritório de contabilidade como assistente administrativo. Certo dia, ele foi demitido do emprego e a vida lhe mostrou um novo caminho. Foi então que ele decidiu entrar no negócio de marketing de rede e ser revendedor de uma grande empresa, com o objetivo apenas de pagar as contas de casa, até conseguir um novo emprego. Contudo, o negócio deu tão certo, que ele começou a ganhar mais dinheiro do que quando era empregado. É o que ele conta: "No escritório eu trabalhava muito e ganhava pouco. Na venda por relacionamento, eu trabalho muito, mas ganho muito também. Pude então conquistar tudo aquilo que sempre quis. O que eu ganho agora depende de mim, e a empresa me premia com muitas vantagens. Além disso, gosto do que faço, e meus clientes viraram amigos. É um excelente trabalho".

O ex-assistente administrativo José Carlos se alegra hoje em dizer que tem uma rotina que em nada lembra a do tempo de assalariado. "Hoje tenho qualidade de vida, tempo para a minha família e disposição até para brincar com meus filhos."

* * *

Quando Maria Aparecida precisou ter uma renda própria para ajudar o marido nas despesas do lar, buscou a venda por relacionamento como opção, pois o investimento era relativamente baixo. O produto era de boa qualidade, e dava um lucro muito interessante. Ela conta que o começo não foi simples. Andava para cima e para baixo, com um carrinho cheio de produtos, mas as vendas eram poucas. Chegou até a receber uma proposta de emprego, com carteira assinada, mas preferiu continuar no trabalho autônomo. Aos poucos, seu faturamento aumentava, bem como a quantidade de clientes, e sua renda ficou maior que a do seu marido. Hoje, ela tem muito orgulho do que faz e conquistou muitas coisas com seu trabalho no negócio de marketing de rede.

Ela se orgulha de dizer que cresceu sem um patrão cobrando resultados. E completa: "É o trabalho que me dá prazer. Faço novos amigos e ainda ganho dinheiro".

* * *

Foi em setembro de 2006 que ele teve o primeiro contato com a indústria do marketing de rede, ainda se lembra de como aconteceu: estava trabalhando. Na época, era analista judiciário. Trabalhava no Fórum de Campo Grande (MS) e uma advogada o abordou e lhe deu um panfleto com o convite para uma reunião de oportunidade. Isso mudou toda a vida de Elton Oshiro, que ficou eternamente grato à colega por esse convite.

Ele estava tão insatisfeito com a situação financeira naquela época que não conseguia esperar o dia da reunião. Ligou para ela e perguntou-lhe se podia ter alguma informação a respeito do negócio antes ou se tinha de esperar pela reunião. Ela lhe disse que poderia ser antes e marcou a reunião em seu escritório.

Ele foi até lá, e ela lhe apresentou seu patrocinador que, simplesmente, colocou um vídeo em um aparelho de DVD portátil e apertou o play. Ele sentou-se e assistiu ao vídeo todo, que, por sinal, era algo meio maluco, cheio de histórias e depoimentos de pessoas que contavam como a vida delas foi transformada, que estavam fazendo milhões de reais por ano por meio daqueles produtos e daquele negócio e que estavam morando em mansões, andando em carros importados, viajando o mundo e realizando sonhos. Foi muito impactante, mas seu padrão mental naquela época não lhe permitia aquilo, para ele era algo tão surreal que simplesmente não podia acreditar. Era muito bom para ser verdade. E ele não fechou o negócio naquele dia. No entanto, como já tinha o convite para a reunião, acabou indo, e viu tudo aquilo novamente, e ouviu uma voz dentro dele dizendo: *e se for verdade, você vai ficar de fora disso?* E essa possibilidade mudou sua forma de pensar, então, decidiu: "vou arriscar!". E foi assim que se tornou um distribuidor do marketing de rede.

Quando Elton iniciou, não tratava seu negócio como um negócio, como a maioria das pessoas que se envolve no marketing de rede. Entrou, adquiriu alguns produtos, fez algumas vendas, fez algumas ligações e contatou algumas pessoas, fez algumas reuniões, tudo de forma totalmente amadora. Mesmo assim, ganhou algum dinheiro, na verdade alguns trocados. E continuou trabalhando dessa forma por três anos. Nesse período, viu seu negócio crescer e diminuir várias vezes, e sua renda despencar. Na verdade, nesses três anos, sua renda nunca ultrapassou R$ 2.000,00 por mês. Ele estava trabalhando muito e de forma amadora. Trabalhava muito mesmo, e isso começou a incomodá-lo, a frustrá-lo e desanimá-lo. Então passou a culpar tudo e todos por não ter sucesso.

Pensava: *"Eu só conhecia pessoas que não tinham dinheiro, eu não tinha credibilidade porque eu andava de skate, o sistema de treinamento da empresa não era eficaz, o ativo era muito alto, minha linha ascendente não me ajudava, o produto estava caro..."* Culpava o governo, a economia, todos, menos a si mesmo.

Nos três primeiros anos, ele teve de reconstruir a organização. Por várias vezes, ele a construiu, e ela desmoronou. Reconstruía, e ela desmoronava...

Um dia, ficou muito claro que ele precisava decidir entre dois caminhos: continuar reclamando e culpando o mundo ou parar de reclamar e assumir as responsabilidades e o controle da sua vida.

Começou então a fazer uma análise da sua forma de trabalhar. Foi quando percebeu que era muito amador e que, se quisesse ter resultados expressivos nessa indústria, ele deveria se tornar um profissional.

Nesse dia tomou a decisão de se especializar. Entendeu que a essência desse negócio é a liderança, e a essência da liderança é capacitar outras pessoas. Iniciou o processo de se capacitar, começou a estudar e aprender tudo sobre o assunto, ler livros sobre marketing de rede, desenvolvimento pessoal, relacionamentos, inteligência emocional, educação financeira, comunicação, *mindset* e programação neurolinguística (PNL). Inscreveu-se em treinamentos e workshops. Conversou e se relacionou com os grandes líderes e aprendeu com pessoas que já possuem sucesso. Foi então que desenvolveu todas as habilidades necessárias para se tornar um distribuidor bem-sucedido.

Depois desse processo, tudo mudou e, em 2011, ele se tornou um profissional de marketing de rede. Aprendeu que não precisava de sorte para ter sucesso nem encontrar "o cara" para fazer sua organização explodir. Não precisava se preocupar com seu *up line* e se ele ia ajudá-lo ou não. Descobriu que existe um processo sistêmico e ferramentas que podem levar uma pessoa comum a se tornar um grande líder nessa indústria.

Desde então, tem sido incrível e inimaginável tudo o que está vivendo. O marketing de rede é muito mais do que uma carreira para ele. É seu estilo de vida! Mudou completamente sua vida, a da sua família e a das pessoas que ama. Tem liberdade de tempo. Conhece as pessoas mais incríveis de várias partes do mundo. Consegue viajar pelo mundo. Pode inspirar a vida de milhares de pessoas e também ser inspirado por elas. Pode contribuir com causas que acredita ser importantes.

Elton Oshiro trabalha há três anos e meio com a Hinode Cosméticos. Tem uma organização com mais de 100 mil pessoas ativas, que faturam milhões por ano. No entanto, está muito mais feliz pela pessoa que se tornou nesses anos de jornada dentro do marketing de rede do que com os excelentes resultados financeiros, pois esse negócio transformou radicalmente sua forma de pensar e ver o mundo. Levou oito anos para construir tudo isso.

Quando eu convidei Elton a contar sua história neste livro, com objetivo de inspirar outras pessoas e multiplicar ação de sucesso, ele ficou muito feliz e me disse:

Márcio, o que aconteceu comigo também pode acontecer com qualquer pessoa, e desejo que isso aconteça. Eu quero que essas ações ajudem milhares de pessoas a se profissionalizar dentro desse mercado maravilhoso que são as vendas por relacionamento e o marketing de relacionamento, principalmente o multinível.

//

Um Novo Olhar Sobre o Emprego

2

> "Acabou a era do emprego. Começa a era do trabalho."
>
> VACLAV HAVEL

Neste novo mundo globalizado, precisamos pensar de modo diferente na ideia tradicional de emprego. Essa ideia de procurar emprego para ter remuneração e sucesso profissional foi alimentada pelas pessoas que não encontraram outras perspectivas profissionais.

O fato é que os tempos atuais são mais exigentes, mas oferecem muito mais oportunidades.

O professor Mário Sergio Cortella escreve que o "emprego é fonte de renda, e o trabalho é fonte de vida. Meu trabalho é a minha obra. Eu gosto dessa ideia. Tanto que não há estresse no meu trabalho, só cansaço, que resulta do esforço intenso do dia a dia, ao passo que o estresse é resultado de um esforço para o qual você não vê sentido. E o cansaço se cura descansando. Estresse só se cura se houver mudança de rota." E diz ainda que "toda atividade requer esforço, mesmo trabalhos apaixonantes. A questão é se esse suor produz significado ou se apenas resulta em realizações vazias. 'Essa é a diferença fundamental entre cansaço e estresse'.". E mais: "Cansaço é o resultado de um esforço intenso; estresse é o que experimentamos após esforços sucessivos sem sentido". Por isso ele afirma que "emprego é fonte de renda, ao passo que trabalho é fonte de vida". E conclui: "Que ótimo quando coincidem!"[1]

O sociólogo italiano Domenico de Masi, autor do livro *O ócio criativo* (Sextante, 2000), diz que "o futuro pertence a quem souber libertar-se da ideia tradicional do trabalho como obrigação e for capaz de apostar numa mistura de atividades nas quais o trabalho se confundirá com o tempo livre e o estudo, exercitando o ócio criativo".

Domenico de Masi diz ainda algo muito interessante, ao falar sobre a relação entre trabalho e felicidade, destacando que "a felicidade começa no trabalho, mas não como felicidade, como dever, que é uma coisa diferente da felicidade. O trabalho é um dever, não é felicidade. A felicidade é o fruto do trabalho".[2] O dever trabalhar significa a decisão de você buscar a felicidade, esforçar-se por isso, para colher o fruto do trabalho e ser feliz com o que produziu e alcançou, porque não se ganha somente dinheiro e bens com o trabalho, mas também novos relacionamentos, amigos etc. E mais satisfação ainda o trabalho propicia quando é feito com excelência. Não é fácil, realmente, chegar lá, porque exige aperfeiçoamento constante, experiência, acúmulo de conhecimento, inclusive prático. Contudo, é muito gratificante quando as pessoas percebem que seu trabalho é excelente (isto é, chegou a esse nível) e passam então a admirar quem é capaz de boas realizações. As pessoas esperam isso, bons produtos, um trabalho bem-feito, pessoas dedicadas que oferecem o melhor de si para produzir algo de bom. Não se trata simplesmente de trabalhar por ter de fazer isso ou aquilo por mera obrigação. E sim encontrar no trabalho o entusiasmo que permita alcançar a própria felicidade e a dos demais.

Você já parou para pensar que existem outros caminhos para alcançar o sucesso profissional? E que se tornar empregado é uma opção, mas não a única? E que existe a possibilidade de ser um empreendedor e seguir o próprio caminho? Mesmo sendo arriscado e incerto, e até com algumas há frustrações, certamente é bem mais estimulante e prazeroso.

O desejo de ter um negócio próprio e ser o chefe da sua empresa é o que mais motiva os brasileiros a ser empreendedores, no entanto, essa alternativa ao desemprego é a razão menos favorável. Pesquisas recentes mostram que no Brasil 85% da população tem visão positiva do empreendedorismo, pois mais de 50% diz se imaginar abrindo o próprio negócio.

Muitas pessoas querem empreender, mas os entraves financeiros, que podem levar à falência e à perda do patrimônio obtido, continuam sendo o principal medo. Para muita gente, o temor da falha é o grande obstáculo para o empreendedorismo.

Durante muito tempo, trabalhei como empregado e alcancei o cargo de executivo em empresas multinacionais. Nos últimos dez anos, porém, conheci outro mundo, no qual as pessoas são autônomas e têm o próprio negócio, com autorrealização e equilíbrio entre família e profissão, gerando outra fonte de renda e se tornando independentes do emprego tradicional. É o mundo das vendas por relacionamento. Fui então estudar fora do país, para me especializar nesse segmento, depois de ocupar o cargo de gestor de vendas na maior empresa de vendas por relacionamento do Brasil, a Natura Cosméticos.

Com o estudo e a experiência adquirida, resolvi empreender e compartilhar meu aprendizado, e fundei o Conexão Rede, com o principal objetivo de transformar vidas por meio de conteúdo e produtos que desenvolvam pessoas que queiram empreender na venda por relacionamento, seja nos modelos mononível seja nos multinível.

Hoje no Brasil temos mais de 4,5 milhões de pessoas que empreendem nesse negócio. Os especialistas afirmam que esse é um negócio à prova de recessão e, de acordo com a Federação Mundial das Associações de Vendas

Diretas, analistas preveem que a nova geração de empreendedores que está entrando no mercado deve fazer com que o crescimento dessa indústria seja ainda maior nos próximos anos, afirmando que esse é o modelo de negócio do século XXI.

Nesse mercado, o Brasil está em 5º lugar no ranking, ficando atrás apenas de Estados Unidos, China, Japão e Coreia. E pode-se vender de tudo através desse canal: cosméticos, artigos de moda, produtos de nutrição, livros, produtos de limpeza, linha *pet*, pacotes de viagem, cursos on-line.

O problema é que muitas pessoas querem ser empreendedoras em marketing de rede achando que vão ganhar dinheiro sem trabalho, que basta comprar o kit inicial e chamar outras pessoas para sua rede e ficar em casa sem fazer nada e ganhando dinheiro. Essa é a ilusão que muitas empresas põem na cabeça dos seus promotores, representantes e consultores. Essa ideia equivocada faz com que muitas pessoas desistam logo no começo de suas atividades. Pesquisas mostram que mais de 80% das representantes de empresas de vendas diretas desistem no primeiro ano de atividade.

Em minha experiência como líder de equipe, presenciei muitos casos de pessoas que queriam crescer, tinham vontade, mas faltava-lhes conhecimento, não sabiam como fazer as coisas acontecer.

O fato é que ser empreendedor em marketing de rede é muito diferente de empreender em outro segmento.

Todos os dias eu via pessoas desistindo dos seus sonhos, de ter o próprio negócio, uma vida livre, tempo para sua família, mais dinheiro e conquistar assim sua independência de trabalho e financeira.

E elas desistiam porque não tinham um método de trabalho adequado, uma orientação, um direcionamento, alguém que pudesse "pegá-las pela mão" e ajudá-las a caminhar, principalmente no início da atividade que se propuseram a fazer.

Criamos assim uma metodologia simples e eficaz, com base em uma experiência com mais de dez anos de mercado e líder de milhares pessoas. Com isso, vou transmitir meu conhecimento para que você possa fazer acontecer no seu negócio, inspirar-se, ganhar dinheiro e realizar seus sonhos, pessoal e profissionalmente.

O melhor de tudo é que você não precisa abandonar seu emprego para começar esse negócio. Pode começar agora.

3

Encontre uma Inspiração

> "Um caminho de mil quilômetros
> começa com o primeiro passo."
>
> Lao-Tsé

Comecei a trabalhar muito cedo. No meu primeiro emprego, eu tinha apenas 14 anos. Naquela época, podia-se trabalhar com carteira assinada nessa idade, o que era realmente muito importante para estimular o trabalho na fase da adolescência e, com isso, adquirir os princípios da responsabilidade e da iniciativa. O jovem começava assim seu percurso de vida, com a valorização do trabalho.

Minha experiência profissional começou no Banco Itamarati, como office boy. Para mim foi uma alegria imensa, pois, recebia o meu dinheiro e conseguia pagar meus estudos no então colegial técnico em Processamento de Dados, no Liceu Camilo Castelo Branco, em São Paulo.

Eu era office boy do presidente do Banco Itamarati, o senhor Olacyr de Moraes, um dos maiores empresários que o Brasil já teve, conhecido na época como "Rei da Soja", pois foi o maior produtor individual de soja do mundo.

Durante a minha rotina diária como office boy, geralmente todas as manhãs, eu tinha de colher alguns documentos para serem assinados e levá-los ao Banco Central do Brasil. Naquela época, a informática não era tão desenvolvida como hoje, e eu não tinha arquivos digitais; então era tudo mesmo no papel. Pois bem, essa experiência me trouxe um importante aprendizado. Quando eu levava os documentos para o senhor Olacyr assinar, ficava na sala dele, aguardando-o finalizar todas as assinaturas. E ele me surpreendia fazendo algumas perguntas. Lembro-me da primeira vez que ele indagou:

– Márcio, você sabe quanto é a dívida externa do Brasil?

Claro que eu não sabia. Afinal, tinha apenas 14 anos e estava no meu primeiro emprego. Evidentemente não respondi.

Mas ele insistiu:

– Tente. Quanto você acha que é a dívida externa do Brasil?

Novamente fiquei apreensivo e não respondi, com medo da rejeição se fizesse uma colocação errada. Passado o instante da sua indagação e vendo que eu nada dizia, ele acabou então de assinar os documentos e me disse:

– Que pena! Fiquei sem resposta.

Foi de fato um momento impactante, que me deixou bastante intrigado. Diante daquele "desafio" (porque parecia que ele queria mesmo me desafiar), fiquei o dia inteiro pensando: "Puxa vida, poderia ter a resposta, poderia saber disso!". Fui então estudar durante a noite para entender a questão.

No dia seguinte, conforme a minha rotina, levei novamente os documentos para serem assinados e, antes que ele me falasse algo, eu lhe disse, com firmeza:

– Doutor Olacyr, eu já tenho a resposta de quanto é a dívida externa do Brasil.

Surpreendido, ele ergueu seu olhar, com certa admiração e aprovação pela iniciativa inesperada:

– Já tem, é? – respondeu ele. – Então me fale.

E eu lhe apresentei, sem titubear, a informação que havia obtido com os meus estudos. Foi então que ele me fez outra pergunta:

– Por que a dívida externa tem esse valor?

E mais uma vez fiquei sem resposta. No entanto, não me abati por isso. Quando cheguei em casa, fui pesquisar novamente, pois eu não queria desapontá-lo. No dia seguinte, de novo, eu lhe surpreendi com a resposta, com precisão. E ele realmente aprovou a minha atitude.

Isso aconteceu várias vezes e por muito tempo. Sempre quando o senhor Olacyr queria que eu aprendesse algumas coisas legais, de uma forma bem interessante, ele fazia perguntas e eu buscava as respostas. Era assim uma excelente forma de motivação. Era um método diferente do modelo tradicional de ensino, no qual quem sabe mais traz respostas para quem sabe menos.

Ele trazia várias questões sobre economia, empresas, negócios, e tantos outros assuntos, que fizeram com que eu refletisse e fosse em busca das respostas. Aprendi também com isso que, para ter boas respostas, é preciso fazer boas perguntas. E que o desafio é justamente saber fazer os questionamentos certos, do modo mais apropriado. O filósofo Sócrates foi mestre nisso. Ele filosofava com base nas perguntas que fazia aos seus discípulos, usando o método da chamada "maiêutica", como a parteira incumbida de ajudar a criança a sair do ventre materno. O bom mestre é aquele que extrai do aluno o que ele já tem dentro de si, suas qualidades e seus melhores talentos. E para isso é preciso saber estimulá-lo, daí a eficácia do método de saber indagar. O estudante inteligente sabe que é capaz de retornar ao que lhe foi apresentado como desafio, porque ele tem essa capacidade, que precisa ser apenas desenvolvida. Isso quer dizer que é necessária a iniciativa da busca, do empenho, do estudo, da disposição, pois uma resposta pronta não garante o melhor aprendizado, que requer que saibamos buscar uma resposta para as questões que nos são apresentadas nos desafios do dia a dia.

Todos nós ignoramos muitas coisas e, inúmeras vezes, não somos especialistas em determinado assunto, mesmo que saibamos algo a respeito. É claro que o senhor Olacyr sabia do que estava me perguntando, mas ele fez com que eu buscasse a minha resposta, no meu entendimento, Com base na minha própria descoberta, da melhor forma possível. Afinal, se a resposta estivesse pronta, eu talvez não aprendesse de maneira tão original, porque identificada com a minha realidade pessoal de vida, as minhas perspectivas e meus prismas pessoais, a busca pôde propiciar uma descoberta nova e suscitar um olhar diferente, sendo então uma experiência sempre enriquecedora e agradável e, por isso mesmo, permitiu fixar na minha mente, assuntos tão diversificados e importantes que me ajudaram na vida pessoal e profissional.

Essa história que acabo de lhe contar foi uma inspiração para começar esta nossa jornada. E iniciar com inspiração é o que faz toda a diferença no que nos dispomos a realizar.

Agora compare as características das pessoas que você admira com a imagem ideal de um profissional da sua área. Veja as características similares dessas pessoas molde-as para você.

Quando você começa algo novo em sua vida, alguma coisa deve inspirá-lo e fazer sua mente dizer: "Estou em um novo rumo, criei para mim um novo caminho". Você decide jogar no lixo aquilo que é "velho", o que não é mais importante para você e também descobre que precisa se desfazer para experimentar o novo. Assim é possível você se encher de convicções e ficar feliz pelo que fez, pelo que, enfim, conseguiu fazer.

Você certamente já deve ter experimentado isso. Com inspiração, sua autoestima fica elevada. E sabe por quê? Porque você começou, deu o primeiro passo e foi avante, por isso você fez.

Então, comece alguma coisa em qualquer área da sua vida e veja como isso será realmente transformador.

Você talvez tenha pensado em fazer caridade, mas também não começou, não fez os planos ou ainda não tomou uma decisão. Por isso, estou pedindo que você pegue as ideias que estão em sua mente, com toda a sua imaginação (que é muito poderosa), e com tudo isso decida-se. Este passo pode ser o primeiro de uma jornada incrível.

Agora peço que você liste os nomes de três pessoas que você admira, em seguida escreva duas características positivas dessas pessoas.

Pessoa 　　　　　　　　　**Características positivas**

_____   _____

_____   _____

_____   _____

Descreva qual a imagem ideal de um profissional de sucesso na sua área.

_____

_____

Escreva as características desse profissional.

_____

_____

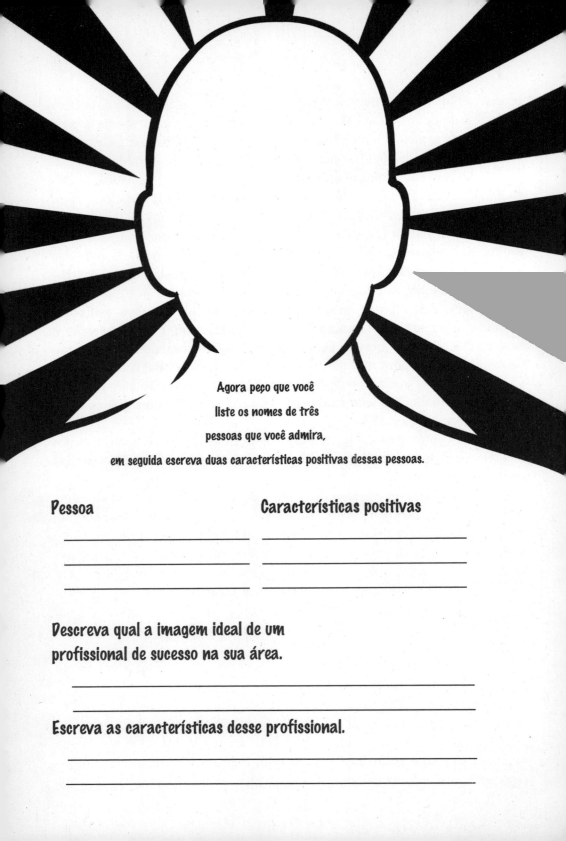

Se você, por exemplo, quer ter uma boa biblioteca, comece adquirindo o primeiro livro. Se você quer entrar na faculdade, comece fazendo sua inscrição. Se você pensou sobre tudo isso, fez os planos adequados e conseguiu tempo para efetivá-los, então não há nada melhor do que estar lá estudando, pronto para realizar seu desejo. Daí você poderá dizer para si próprio: "Aqui estou, começando uma nova jornada. Eu tomei a decisão!".

Tenha então um modelo que o inspire e lhe mostre o caminho a ser percorrido. E um modelo de contraponto, que mostre pessoas que também superaram problemas e desafios muito maiores. Assim, você não pensará que sua vida é tão árdua.

O Ex-Mendigo

"Eu aprendi... que sempre posso fazer uma prece por alguém, quando não tenho forças para ajudá-lo de alguma outra forma."

WILLIAM SHAKESPEARE

Diariamente, num lugar por onde passavam muitas pessoas, um mendigo sentava-se na calçada, e colocava ao lado uma placa com os dizeres: "Vejam como sou feliz! Sou um homem próspero, sei que sou bonito, sou muito importante, tenho uma bela residência, vivo confortavelmente, sou um sucesso, sou saudável e bem-humorado".

Alguns passantes o olhavam intrigados, outros o achavam doido e até lhe davam dinheiro. Habitualmente, antes de dormir, ele contava o dinheiro e notava que a cada dia a quantia era maior.

Numa bela manhã, um importante e arrojado executivo, que já o observava havia algum tempo, aproximou-se dele e lhe disse: "Você é muito criativo! Não gostaria de colaborar numa campanha da empresa?".

"Vamos lá. Só tenho a ganhar!" – respondeu o mendigo.

Após um caprichado banho e com roupas novas, foi levado para a empresa. Dali para a frente, sua vida foi uma sequência de sucessos e, com o tempo, ele tornou-se um dos sócios da empresa.

Numa entrevista coletiva à imprensa, ele esclareceu como conseguira sair da mendicância para tão alta posição. Contou ele: "Bem, houve uma época em que eu costumava me sentar nas calçadas com uma placa ao lado, que dizia: 'Sou um nada neste mundo! Ninguém me ajuda! Não tenho onde morar! Sou um homem fracassado e maltratado pela vida! Não consigo um mísero emprego que me renda alguns trocados! Mal consigo sobreviver!'.

As coisas iam de mal a pior quando, certa noite, achei um livro que dizia: 'Tudo o que você fala a seu respeito vai se reforçando. Por pior que esteja a sua vida, diga que tudo vai bem. Por mais que você não goste da sua aparência, afirme-se bonito. Por mais pobre que você esteja, diga a si mesmo e aos outros que você é próspero'.

Aquilo me tocou profundamente. E como nada tinha a perder, decidi trocar os dizeres da placa para: 'Vejam como sou feliz! Sou um homem próspero, sei que sou bonito, sou muito importante, tenho uma bela residência, vivo confortavelmente, sou um sucesso, sou saudável e bem-humorado'".

E continuou dizendo:

"A partir desse dia, tudo começou a mudar. A vida me trouxe a pessoa certa para tudo o que eu precisava, até chegar aonde estou hoje. Tive apenas que entender o *poder das palavras*. O Universo sempre apoiará tudo o que dissermos, escrevermos ou pensarmos a nosso respeito, e isso acabará se manifestando em nossa vida como realidade. Enquanto afirmarmos que tudo vai mal, que nossa aparência é horrível, que nossos bens materiais são ínfimos, a tendência é que as coisas fiquem ainda piores, pois o Universo as reforçará. Ele materializa em nossa vida todas as nossas crenças!"

Uma repórter, ironicamente, questionou: "O senhor está querendo dizer que algumas palavras escritas numa simples placa modificaram a sua vida?". Ele respondeu, cheio de bom humor: "Claro que não, minha ingênua amiga! Primeiro EU tive de acreditar nelas".

Planejar É Preciso

*"Antes de começar, é preciso um plano,
e depois de planejar, é preciso execução imediata."*

Sêneca

Planejar é organizar seus sonhos, suas convicções e suas crenças.

É fundamental, primeiramente, você fazer uma checklist, escrever ou desenhar o que deseja. De início, não precisa estar em ordem, apenas deve registrar isso de alguma forma. Depois que registrar o que deseja, comece a identificar o que realmente quer, o que é importante e o que é urgente.

Uma forma lúdica de trabalhar suas prioridades é separar tudo o que é importante de um lado da folha de papel e o que é urgente do outro. Depois disso, é preciso discernir e identificar o que é importante e urgente, ao mesmo tempo. Com isso, você saberá o que fazer primeiro, ou seja, tudo o que na sua lista estiver como importante e urgente.

Depois de identificar o que deve ser feito, tem de descobrir como fazê-lo.

Lembre-se: você sabe tudo o que tem e quer fazer, mas se não colocar no papel, se não planejar, dificilmente conseguirá, ou se tiver êxito e conseguir, gastará muito mais tempo e energia para realizar o que quer.

Acredite: as coisas se transformam em realidade depois que você as tiver planejado. Por isso, é preciso entender desde logo que apenas sonhar não o levará a nenhuma realização.

Comece já a planejar seu sonho. De concreto, você tem o HOJE à sua frente, o aqui e o agora. O que já passou serve como experiência, mas já passou, e o amanhã ainda está por vir, e muita coisa depende do que você fizer AGORA. Por isso, não adie seu sonho, não fique na queixa de que poderia ter feito isso ou aquilo se a circunstância *a* ou *b* tivesse sido mais favorável etc. Cada dia é o momento privilegiado para recomeçar, retomar, buscar novos meios, aproveitar as lições do passado para errar menos, e HOJE dar novos passos rumo ao sucesso que deseja alcançar. O importante é não desistir, é focar o que você quer e perseverar, dia a dia, passo a passo, e para isso é preciso, portanto, planejar. Porque o planejamento é imprescindível para você realizar seus sonhos e ser feliz.

1. Pergunte a si mesmo e escreva abaixo: quais os meus planos para chegar aonde quero? E saiba que ficar parado não lhe trará nenhum resultado desejado. Por isso, é preciso assertividade, atitude de quem está decidido, e disposição ao trabalho, à transpiração.

2. Tenha um plano de ação. Faça algo. Mova-se! Caso não dê certo, mude sua estratégia, busque novamente, de outra forma, por outros meios. Contudo, não desista. O importante é acreditar, continuar acreditando e não desanimar. Estar sempre disposto a prosseguir, porque só assim conseguirá consolidar as melhores realizações.

Você, portanto, pode fazer todo o planejamento do mundo, e mesmo assim fracassar. Porque não basta um ótimo plano, como também outro plano ainda melhor. Afinal, você pode elaborar muitos planos hoje e no dia seguinte fazer todos os planos do mundo, mas eles serão somente uma fonte de expectativa, apenas por algum tempo. E tenho certeza: você concorda que fazer planos é uma primeira iniciativa, que pode durar uma semana ou mais. Por isso, depois do planejamento é preciso ação.

Em qualquer atividade, pessoal ou profissional, saber planejar é um conhecimento básico para obter sucesso (em curto, médio e longo prazos), mas pouco utilizado pelas pessoas, que não se dão conta da importância disso e acabam sofrendo as consequências por causa dessa desatenção. Por isso, se você tiver um planejamento bem-feito, terá um diferencial em relação a seu concorrente.

Quero compartilhar com você um método de planejamento que consiste em doze passos:

1. PROJETE O TEMPO – Você precisa saber onde deseja estar daqui a alguns anos, sejam dois, três, sejam dez, não importa o tempo. No entanto, é preciso definir seu objetivo, de modo simples e claro. A projeção do tempo também o ajuda a definir melhor os meios e as

estratégias para chegar ao seu objetivo. É preciso fazer um calendário, um cronograma, para que você estabeleça metas e pontue suas ações, mensurando assim o passo a passo necessário. É como um atleta que quer ganhar uma medalha olímpica. Ele sabe que há uma data na qual acontecerá o grande evento esportivo e que precisa se preparar, com treinamento, exercícios adequados e até privações para poder chegar ao nível técnico requerido para a prova que deverá fazer. Há um tempo preestabelecido, a partir do qual se definem as etapas da preparação. E isso ocorre com tudo na vida: um vendedor que tem uma meta financeira a ser atingida, alguém que estuda para um concurso ou pretende concorrer a alguma eleição etc. Daí a importância de você projetar o tempo para estabelecer com mais precisão o que exatamente deve fazer para chegar aonde quer.

Eu estarei trabalhando em_____ morando na cidade_____ com_____ em____ anos, e para isso vou começar a realizar o seguinte cronograma de ações.

1
CRONOGRAMA DE AÇÕES

Tarefa	Início em	Término em	Resultado

2. ENTENDA A SITUAÇÃO ATUAL – Antes de iniciar o planejamento das ações que deve empreender para alcançar seu objetivo, você precisa ter em mente a situação atual da sua realidade. Você pode sonhar alto mas seus pés precisam estar no chão. Seja, portanto, realista para evitar frustrações. É evidente que não podemos planejar e controlar tudo à nossa volta, mas o planejamento serve justamente para que haja um parâmetro de possibilidades, com base na experiência de erros e acertos de tantos outros que já percorreram caminhos como os que desejamos seguir. Conclui-se daí que a prudência requer o planejamento, o estudo da situação, um diagnóstico preciso do que realmente podemos ou não fazer, o que está ou não ao nosso alcance, para que possamos dar o passo certo, na medida certa, e alcançar assim os melhores resultados. E mesmo a ousadia não pode ser intempestiva, ela deve estar dentro de uma lógica e uma margem de mais ganho do que perdas. Para isso é preciso conhecer o terreno em que pisamos, saber até onde podemos avançar, quais passos podemos dar.

   Portanto, ao iniciar uma atividade, você precisa estudar o que é específico no determinado nicho de mercado em que escolheu atuar, quem são as pessoas que dominam o ramo, quais as peculiaridades, as melhores soluções técnicas, entre outras informações. Ouvir as experiências dos especialistas para evitar repetir erros ou a opinião deles sobre um assunto em relação ao qual você não tenha o conhecimento adequado. Aos poucos, ouvindo as pessoas certas e assimilando bem a experiência, que é própria de cada um, você vai sentindo mais segurança e adquirindo condições de ampliar os investimentos, em busca de novos clientes. Quando você passa a entender bem a realidade em que está atuando e as pessoas percebem que você de fato sabe do que está falando e o que está fazendo, então terá aumentadas sua credibilidade e sua clientela, ampliando também seu público-alvo.

3. FAÇA UMA AUTOAVALIAÇÃO – Faça uma avaliação real da situação em que você se encontra: seus pontos fortes e fracos. Cuidado para não se subestimar nem se superestimar. Seja honesto e realista com você mesmo. Com isso saberá em que terá de investir mais energia, trabalho e tempo, para sair do ponto atual para a posição futura. A autoavaliação é de essencial importância para o alinhamento das percepções que você tem de si mesmo e dos outros. Desse modo, a autoavaliação enriquece o processo de feedback, necessário para correções, ajustes, novas projeções etc.

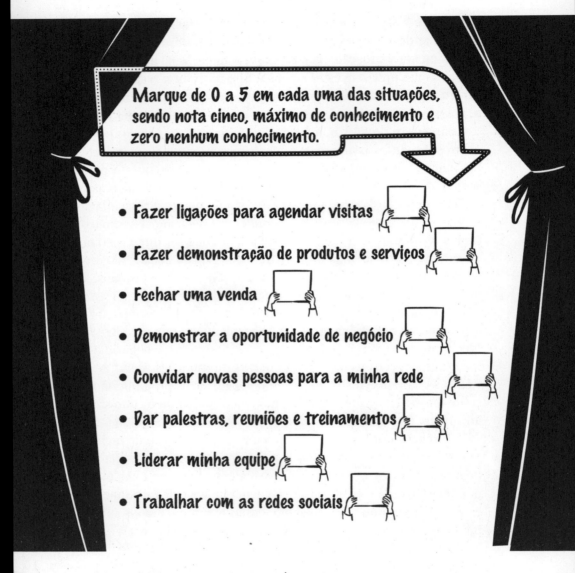

4. COMPARTILHE SEU DIAGNÓSTICO – Depois que terminar sua avaliação pessoal, compartilhe suas ideias e suas experiências com quem você confia. Veja se faz sentido seu diagnóstico, se é preciso e realista. Pergunte se a outra pessoa o vê do jeito que você se vê, e ao ouvir a resposta, não se defenda, apenas ouça. Isso auxiliará a esclarecer o que chamamos de *gap* de competência, ou seja, a lacuna que vai ajudá-lo a realizar melhor seu futuro. Lembre-se de que o planejamento é seu.

É muito importante compartilhar com as pessoas o que você pensa, indagar e buscar informações que permitam aprimoramento constante do seu conhecimento da realidade, a troca de ideias e também a formação de opinião própria, pois é assim que conseguirá melhorar a capacitação de suas qualidades, para ampliar cada vez mais seus contatos e apoios, e também a fidelização de clientes, necessária para o aumento do seu ganho pessoal, profissional e financeiro, em todos os aspectos.

5. SEJA CONCISO – Você já sabe o que quer e do que precisa, onde está e os caminhos que o levarão até onde quer chegar; então, é hora de escrever as ações, ou seja, o que você precisará fazer, a partir de hoje, para transformar o amanhã. Contudo, tenha cuidado com a quantidade de ações, pois se você falhar em apenas uma delas, poderá desanimar e desistir de todo o plano. E esse risco é algo que você pode evitar com planejamento e concisão. Escreva no espaço a seguir, de maneira concisa, sua lista de ações.

6. DETALHE – Desdobre seus objetivos num plano de ação detalhado, ou seja, escreva "como" você vai fazer, passo a passo, o que deseja realizar. Por exemplo: se você planejou voltar a estudar, primeiro pesquise o curso, a escola, considere ter o dinheiro ou o crédito para pagá-lo, fazer a matrícula, dedicar-se às aulas etc.

7. SEJA OBJETIVO – Defina metas concretas e tangíveis, assim você conseguirá medir melhor os resultados. Uma meta abstrata é difícil de apurar e, por isso, você não conseguirá saber o resultado. As pessoas querem praticidade, ver concretamente sua capacidade de realização. É isso que impacta, portanto, é preciso assertividade no falar e no fazer, para que haja credibilidade do trabalho empreendido.

8. **ESCREVA E REVISE** – Todo planejamento precisa estar escrito e ter no mínimo três perguntas que você precisa responder: 1) O que fazer?; 2) Como fazer?; e 3) Quando fazer? Você precisa escrever isso. Não há planejamento só na sua mente. Tome muito cuidado com seu *ego*, que geralmente diz assim: "Eu já sei isso..." Essa é a voz da resistência. Não leve pensamentos como esse a sério. Muita gente sabe o que tem de fazer, mas não faz o que deve ser feito. Por isso, escreva e revise seu plano de trabalho de tempos em tempos.

9. **COMPARTILHE** – Muitos planos são sabotados pela própria pessoa que os planejou. Para evitar que isso aconteça, você deve compartilhar com alguém de confiança seus planejamentos e solicitar que a pessoa cobre a realização das ações planejadas. Vamos lá: escreva agora o nome da pessoa com quem compartilhará esses planos e marque a data em que enviará o material para ela e a tornará sua cúmplice de jornada.

10. **COMECE** – Tenha a iniciativa de dar o primeiro passo, de começar a mudança que você deseja ver em sua vida. Para Deus guiar seus passos, você precisa estar disposto a mover os pés na direção certa, daquilo que você buscou como objetivos. "A fé remove montanhas", mas exige passos certos.

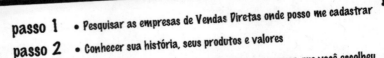

Exemplo: Meta: ter uma renda extra de R$ 2.000 por mês

passo 1 • Pesquisar as empresas de Vendas Diretas onde posso me cadastrar
passo 2 • Conhecer sua história, seus produtos e valores
passo 3 • Conversar com quem já trabalha com a empresa que você escolheu
passo 4 • Reservar dinheiro para o investimento inicial
passo 5
passo 6
passo 7

11. **COMEMORE TODAS AS CONQUISTAS** – Faça uma cerimônia de fechamento a cada ciclo conquistado, assim você reforçará positivamente o avanço das suas realizações.

12. **SEJA FLEXÍVEL** – Se você perceber que seu objetivo não será alcançado, ou seja, não caminha de acordo com o planejado, elabore um plano B. Seja flexível nas etapas detalhadas, para não perder de vista o objetivo de conquistar sua meta maior.

    Se você definiu como objetivo, por exemplo, fazer o cadastro de vinte pessoas na sua rede no próximo mês e planejou convidar essas pessoas por meio de ligações telefônicas, mas você percebe que as ligações não estão tendo resultados e não conseguirá cumprir sua meta, nesse caso você precisa ser flexível e mudar a estratégia convidando de outra forma.

    O plano B é um apoio que dará a você confiança e segurança para encarar as metas e enfrentar os desafios propostos e não desistir.

Começar Não É Tudo

"O progresso começa com a convicção de que o que é necessário é possível."

NORMAN COUSINS

Existem pessoas com muitas iniciativas, mas com poucas ações terminativas, isto é, começam de tudo, mas nunca concluem aquilo a que deram início. Esse é um dos problemas mais sérios para quem se propõe a realizar algo. É preciso dar sequência ao que foi começado, superar obstáculos, ser determinado, perseverar.

Você já sabe que é muito importante começar, dar o primeiro passo. Pois bem. Isso é tão necessário quanto terminar o que foi iniciado, porque só assim você vai progredir no que começou. Terminar não significa o fim de tudo, mas a conclusão de uma etapa, um objetivo, uma meta.

Quando você se dispõe a começar algo novo, precisa trabalhar continuamente para perceber o progresso, não apenas no sentido de tempo, mas na energia que você está dedicando à realização do que deseja.

Precisamos progredir em todas as áreas de nossa vida, não apenas em um ou outro aspecto, mas no conjunto de tudo o que fazemos: desejamos ser melhores pais, profissionais, cônjuges, filhos, amigos etc. O progresso tem de estar presente em nossas metas materiais, intelectuais, morais e espirituais.

Se você não progredir, ficará frustrado e infeliz, e provavelmente desistirá. Por isso, é muito importante comemorar a mínima progressão. Se você começou uma dieta e perdeu um quilo, comemore! Não ache pouco, é um progresso. Se você começou a leitura de um livro e terminou o primeiro capítulo, comemore! Se você começou um novo relacionamento e completou uma semana, um mês, um ano, comemore!

Comemorar é a chave do sucesso para seu progresso.

Progredir não significa fazer tudo de uma só vez ou tudo imediatamente; você precisa sentir o progresso, passo a passo. Perceber que está melhor hoje do que ontem, especialmente nos aspectos que considera mais relevantes.

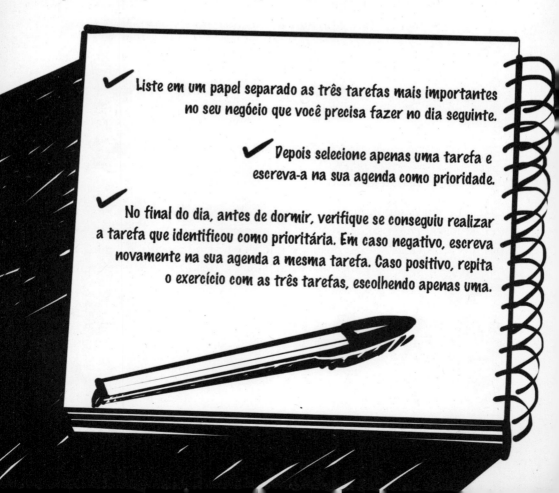

Tome uma Decisão

"Quando você precisa tomar uma decisão e não age nesse sentido, está tomando a decisão de não fazer nada."

William James

Existem muitas pessoas que ficam procrastinando suas decisões e se arrastam pela vida afora, adiando seus sonhos e, com isso, a própria felicidade. Pessoas que apenas sobrevivem com dificuldades, em vez de viverem plenamente. Diante disso, queixam-se e ficam frustradas com a vida que levam e não conseguem mudar.

Muitas desconhecem que a chave imprescindível para essa mudança é o poder da decisão.

O fato é que, em nosso dia a dia, estamos sempre decidindo. Com base em decisões acidentais e pequenas do cotidiano, você escolhe a todo instante uma série de coisas que fará. E há ainda as decisões que você está adiando há muito tempo e não consegue tomá-las por alguma razão.

Frequentemente, decidir começa como um processo lento de autoestima. Você se pergunta: eu mereço? E, então, decide fazer algo inspirador e dar um passo significativo, o primeiro gesto concreto em busca de sua realização. Feito isso, você conseguiu ultrapassar as barreiras que o impediam de tomar a decisão. Tomou a iniciativa, foi lá e fez!

É em momentos assim, com tomadas de decisão, que determinamos nosso destino. A decisão tem de ser séria, realmente comprometida, pois há uma diferença entre estar interessado e estar empenhado em alguma coisa.

Por isso, decida agora o que projetar para os próximos anos de sua vida, sabendo que, para isso, você precisa agir e vencer o medo de tomar uma decisão. Sua vida está entre o que você mais deseja e o que mais teme. Comprometa-se, portanto, com suas decisões, mas seja flexível na execução de cada passo dado.

Depois que você toma a decisão e começa a agir de acordo com suas convicções, seu estado de espírito muda e você começa a ver o mundo de outra forma. É como se as nuvens que estavam cobrindo o Sol desaparecessem, o céu ficasse então azul, o ar limpo e leve. Você se enche de energia, e a adrenalina toma conta do seu corpo. A partir do momento em que tomou tão importante decisão, as coisas começam a acontecer para você. E o dia de uma decisão importante pode ser, enfim, um dia muito poderoso.

Decidir pode ser uma atitude inspiradora, mas a experiência mostra que essa inspiração não dura muito tempo.

Você sabe que, em breve, toda a energia dispensada, que é fonte de inspiração, acaba sendo dissipada, se não estiver focada na execução daquilo que foi planejado. Então é fundamental seguir em frente

Você já deve ter adiado muitas decisões, todas elas com justificativas, é claro. Talvez estivesse esperando alguma coisa acontecer ou um problema ser resolvido para, então, tomar uma decisão.

Nesse caso, é preciso que anote algumas decisões importantes que precisa tomar. E os motivos pelos quais devem ser tomadas: se elas serão melhores para sua saúde, sua vida financeira, sua família ou se podem prejudicá-lo caso não sejam tomadas. Esse é um discernimento que se faz necessário para que tenha êxito no que se propõe a empreender.

Tenha certeza de que, se você for em busca da realização de algumas decisões apresentadas nessa lista e começar a tomar as iniciativas adequadas, sua inspiração começará a fluir.

De imediato, você precisa se posicionar, pois deixar seu momento de decisão de lado é ser indeciso, e a oportunidade não espera quando há indecisão.

Comece perguntando a si mesmo: o que realmente desejo na vida? Seja o que for que você queira ou anseie, deve primeiramente perguntar a si mesmo: por que quero isso? Qual o sentido disso na minha vida? Feito isso e encontrando a justificativa que o motive, então decida e vá em frente. Não tenha medo.

Agora escreva na página seguinte.

Uma razão pela qual tão poucos de nós conseguimos o que realmente desejamos é que nunca dirigimos concentradamente aos nossos objetivos o nosso foco, o nosso poder. O foco concentrado é como um raio laser, capaz de cortar qualquer coisa que pareça estar detendo você. Acredite.

Algumas pessoas têm medo de tomar decisões erradas e encontram dificuldades em perceber que as decisões podem ser fontes tanto de problemas quanto de oportunidades e alegrias. Daí a importância do discernimento. Lembre-se de que as experiências aparentemente ruins ou dolorosas às vezes são as mais importantes. Quando as pessoas vencem, alcançando algum objetivo, buscam festejar. No entanto, quando falham, os fatos levam-nas a refletir, e começam a ponderar, verificando que não há fracasso, apenas resultados. Por isso, você precisa definir um objetivo e evitar confundir estar empenhado com estar apenas interessado.

Você já parou para pensar por que as pessoas que tomam certas decisões não conseguem agir no direcionamento delas? Por que fracassam em muitas decisões que tomam na vida?

Decisões que preciso tomar

Motivos pelos quais são importantes

Há algumas razões para isso: muitas vezes, elas tomam decisões baseadas na maioria. Pensam assim: "deu certo para outro, vai dar certo para mim também". Porque elas tomam decisões baseadas exclusivamente na emoção, ou seja, não usam o raciocínio para o discernimento. Porque não sabem exatamente o que querem. Mudam de ideia a todo o momento. Às vezes, tomam uma decisão oposta à outra, entrando assim em contradição, porque estão indecisas, querem que os outros decidam, quando na verdade elas próprias é que devem decidir. Agindo assim, apenas com a emoção, elas acabam fazendo escolhas erradas.

Por isso, quero lhe apresentar agora algumas dicas fundamentais para ajudá-lo a tomar decisões acertadas:

1. Tome a decisão com razão. Quando você pensa, analisa, reflete, medita, compara, discerne, faz inferência.
2. Passe pela emoção e pergunte a si mesmo: "faz sentido?"
3. Tenha fé na realização e coragem para dominar o medo. Entenda que a coragem faz você dominar o medo, e isso é produzido pela fé.
4. Tenha convicção na decisão tomada.
5. Tenha atitude. Siga na direção da decisão que tomou. Suas ações devem estar em conformidade com sua decisão.

E quando você tiver dúvida, ore a Deus, mesmo quando você já tiver tomado a decisão e, muitas vezes, não souber quando ou como agir.

Lembre-se ainda de que você pode fazer qualquer coisa, mas não tudo.

Você precisa escolher o que quer fazer, mas saiba que toda escolha feita é também uma decisão de não escolha, ou seja, quando você decide por uma coisa, automaticamente deixa de escolher outra. O discernimento está em saber fazer essa distinção entre aquilo que realmente é importante para o que você planejou realizar.

O Otimismo Leva mais Longe

*"O pessimista vê dificuldade em cada oportunidade;
o otimista vê oportunidade em cada dificuldade."*

Winston Churchill

Afaste-se de pessoas negativas. Pessoas que são verdadeiros corvos, que têm o dom de deixar você com desânimo total depois de meia hora de conversa. Gente assim suga a sua energia.

Você deve se preservar de pessoas negativas. Ficar ao lado de quem só reclama é muito difícil, como também dificilmente uma pessoa que só reclama poderá ser bem-sucedida em qualquer área de sua atuação.

Lembro-me, por exemplo, de que eu tinha um colega de trabalho que era muito negativo, e quase todos os dias se queixava das coisas. Quando eu afirmava: "hoje é dia tal!" – ele dizia: "eu sei, isso é terrível! Vai ser um péssimo dia". E assim, todos os dias ele tinha um motivo para reclamar disso ou daquilo, porque estava chovendo, fazendo sol etc. Reclamava da empresa, do chefe, do calor, do frio, e assim por diante. E sempre o problema dele era maior do que o dos outros; até uma doença, se fosse com ele, poderia ser a pior. Ele era tão negativo, que ninguém gostava de ficar perto dele, pois a frase que mais usava era: "tudo vai dar errado". Desse jeito, evidentemente, as pessoas tinham a tendência de afastar-se dele.

Naturalmente, você também deve conhecer alguém que reclama de tudo e se torna muito chato por causa disso. O fato é que essa forma de negatividade (de ficar sempre reclamando) é muito contagiosa. É preciso ter todo o cuidado porque isso pega.

O pessimista é aquela pessoa que reclama de tudo, antes de acontecer alguma coisa. Ele é um *expert* em destruir sonhos alheios. Toda iniciativa para uma mudança, ele destrói com os argumentos de que não vai dar certo, por isso ou por aquilo.

Algo muito ruim do pessimista é quando, convencido por algum argumento de que determinado empreendimento deve dar certo, depois de muita resistência para aceitar e concordar em participar do negócio, ele é o primeiro a criticar no momento em que algo sai errado, justificando-se: "eu não falei que ia dar errado?". Com isso, tem-se a impressão de que ele torce para que nada dê certo, só para ele ter a razão.

Uma coisa é certa: onde há um pessimista, o ambiente fica pesado. Geralmente, em períodos de crise, encontramos muitos pessimistas de plantão, que se dizem "realistas", mas, na verdade são os que jogam o balde de água fria em muitos empreendimentos que poderiam, sim, dar certo. Nesses casos, essas iniciativas deixam de prosseguir porque a emoção falou mais alto que a razão e também faltou o discernimento. Por isso, é preciso ter cuidado para não se deixar enganar por eles. O mais curioso é que pessoas assim não têm razão de ordem lógica, porque na essência da negatividade, elas colecionam exemplos apenas ruins, que adoram compartilhar com os demais. É incrível como se apaixonam pelos problemas que têm, e se você buscar resolvê-los, elas ainda reclamam da sua iniciativa.

Se formos ver, todo mundo tem motivos para reclamar, mas os pessimistas só fazem isso. Daí a importância de não ficar no emocional negativo e buscar, com a razão, possibilidades novas.

O otimismo (evidentemente sem devaneios) é muito importante para a sua vida de empreendedor. Contudo, seu otimismo não deve ser apenas reativo, ou seja, que oscila com as influências externas daquilo que acontece à sua volta, das notícias que recebe a todo instante. Seu otimismo deve vir de dentro de você, com naturalidade, como um sentimento que o faz acreditar mais em si próprio e na sua capacidade de realizações. Por isso, é preciso ter uma autoestima elevada, para despertar o entusiasmo e fazer o que deseja.

Ser otimista, portanto, é ter outro olhar diante das adversidades que a vida nos impõe, com uma visão mais ampla da realidade e uma disposição propositiva.

Nosso pensamento tem uma frequência parecida com as ondas magnéticas como as ondas do rádio e da televisão. Portanto, você precisa saber, especialmente ao tomar decisões, em que canal você quer sintonizar. Novamente, aqui entra a questão da escolha, por exemplo, para assistir a um programa de televisão que eleve seu estado de espírito e o deixe bem, é preciso sintonizar determinado canal; pois se não mudar de canal você continuará a ver as mesmas coisas que está acostumado a ver. Assim acontece com nossos pensamentos. Em que canal você vai querer sintonizar? É por isso que é preciso evitar sintonizar com coisas pessimistas, pois dificilmente elas permitirão que você encontre uma solução e uma saída criativa para o sucesso.

Para garantir, portanto, o êxito desejado, você deve pensar e sintonizar no que quer, e não naquilo que não quer. Você provavelmente deve conhecer pessoas que só falam de coisas ruins. Já notou também que muitas coisas negativas acontecem com elas? Sabe por quê? O pensamento materializa os fatos.

Esse assunto tem sido tratado de forma científica, principalmente a partir dos anos 1990, pela Psicologia Positiva, especialidade do pesquisador norte-americano Shawn Achor, que conta em seu livro *Happiness advantage* (publicado no Brasil em edição digital com o título *O jeito Harvard de ser feliz*), que saiu de uma depressão com a ajuda de técnicas para mudar a maneira como seu cérebro registrava o mundo. Shawn Achor explica que as partes mais primitivas do cérebro são responsáveis por detectar ameaças a todo o organismo humano, e o resto do cérebro evoluiu a partir dessas áreas primitivas. Para ele, "as pessoas frequentemente pensam que são aquelas com mais profundidade que veem o mundo como negativo, mas, na verdade, a negatividade é a coisa mais fácil que o cérebro pode fazer". E acrescenta: "É preciso um poder de profundidade e processamento incríveis para construir significado de eventos aparentemente banais ou ameaçadores".

Segundo a pesquisadora da Universidade de São Paulo, Elaine Henna, exercitar o pensamento otimista ativa áreas do cérebro responsáveis pelas emoções e faz com que fique mais automático enxergar experiências positivas. De acordo com as pesquisas, o afeto, seja positivo (como alegria, paz e gratidão) seja negativo (como angústia, tristeza e raiva), gera alterações cerebrais no sistema subcortical, que é mais "visceral", e no cortical, que é mais racional. Os afetos positivos, espontâneos ou provocados, estão relacionados à redução dos níveis de cortisol e da resposta inflamatória do indivíduo. As pesquisas mostram, portanto, como é importante termos uma atitude propositiva na vida, para que sejamos capazes de boas iniciativas e consigamos superar as dificuldades do dia a dia e alcançar as nossas realizações.[1]

Aproveite Sua Caminhada

"O êxito da vida não se mede pelo caminho que você conquistou, mas sim pelas dificuldades que superou nele."

ABRAHAM LINCOLN

Há aqui uma questão relevante da qual muitos não se dão conta: desfrutar plenamente de cada passo dado em nosso caminho é até mais importante do que conquistar o objetivo final. Não é só a chegada que importa tanto, mas também o percurso realizado, porque depois precisamos de uma história boa para contar como conseguimos chegar lá. E as pessoas se interessam por isso, querem saber como fizemos, como lidamos com essa ou aquela situação, valorizam a experiência do percurso percorrido. Isso conta muito no processo de busca das nossas realizações.

Aproveitar o passo a passo da caminhada torna o nosso objetivo mais prazeroso. Nesse sentido, sabemos que vamos dar passos certos e passos errados. E isso faz o nosso percurso mágico, com muitas surpresas. Se você acertar, comemore. Se você der um passo errado, transforme a experiência em uma aprendizagem. Se o erro foi por negligência, pare e reflita muito sobre o que fez, para não negligenciar novamente. Se, no entanto, o erro foi cometido enquanto buscava acertar, comemore também. São os chamados "erros nobres", que nos ajudam muito a aprender.

É importante também que você curta o caminho que decidiu seguir. Durante sua caminhada, alimente sua mente com algo nutritivo e que lhe dê forças, para não deixar que nada o interrompa.

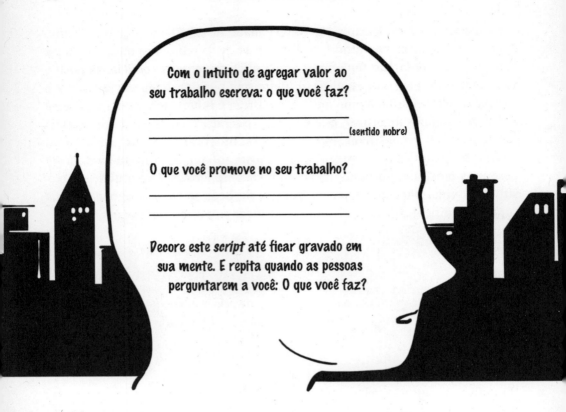

A vida fica muito mais interessante quando você aproveita todos os momentos da sua trajetória.

Se perguntarmos, por exemplo, a dois trabalhadores que são pedreiros: o que vocês estão fazendo? O primeiro poderá dizer: "estou colocando tijolo em cima de tijolo." E o segundo poderá responder: "estou construindo uma catedral.". Como vemos, é uma questão de visão de vida, de percepção da realidade, das possibilidades. Os dois estão executando a mesma tarefa, mas há uma diferença enorme no prazer de trabalhar de cada um. Então, curta o que você fizer e dê um sentido maior a sua vida.

Por isso é importante o olhar que temos sobre o que acontece a nossa volta e o que fazemos. É preciso que haja um olhar sobre o que é positivo, o que abre possibilidades novas, o que acrescenta, o que nos torna melhores como pessoas e como profissionais. É com esse olhar que conseguimos vislumbrar as alternativas, muitas vezes bem próximas de nós. Para isso, é necessário que haja essa disposição da positividade, e não se deixar afetar emocionalmente pelo pessimismo. Temos muitas coisas boas à nossa volta e podemos otimizá-las em favor daquilo que estamos fazendo. Daí a importância também de você ter um network sempre atualizado, pois na partilha com as pessoas há descobertas que enriquecem o aprendizado e se somam às iniciativas que você precisa ter para alcançar o sucesso desejado.

O otimismo, no entanto, deve ser realista, pé no chão, com base em dados concretos, do que é viável e factível. Não podemos confundir otimismo com ilusão. Por isso, é preciso acreditar nas pessoas e nas possibilidades, com bom senso, discernimento e atitudes que comprovam acertos e credibilidade. Ser otimista é saber também que as pessoas erram, mas podem corrigir seus erros, podem ser ajudadas a melhorar, podem ser mais eficientes quando mantêm a disposição de acertar o passo e fazer a tarefa de casa, com verdadeira humildade e determinação. Há sempre o que aprender e o que aprimorar com as lições da vida e também com as tantas oportunidades surgidas a cada dia. Essa é a razão do otimismo, que nos deixa de cabeça erguida, olhando para a frente, em meio aos tantos desafios do cotidiano.

Muitas vezes também não nos damos o devido valor, por isso a dificuldade de entender o sentido do otimismo, que nos faz perceber e valorizar o que está ao nosso alcance, para, com aquilo que temos, propiciar novos ganhos. É o que tão bem conta a história a seguir, tão rica de ensinamento.

A Falta de Tempo É uma Grande Desculpa

*"Já repararam como se queixam
de falta de tempo as pessoas que nada fazem?"*

Olavo Bilac

Todas as vezes que ouço alguém falar que não tem tempo para isso ou aquilo, lembro-me de uma história conhecida. Um professor de Ciências de um colégio queria demonstrar um conceito aos seus alunos. Ele pegou um vaso de boca larga e colocou algumas pedras dentro dele. Em seguida, perguntou à classe: "está cheio?".

Todos responderam "sim", com unanimidade.

O professor então pegou um balde de pedregulhos ali próximo e virou dentro do vaso. Os pequenos pedregulhos se alojaram nos espaços entre as rochas grandes.

E perguntou novamente aos alunos: "e agora, está cheio?". Diante daquilo, alguns ficaram hesitantes, mas a maioria respondeu que "sim".

O professor então levantou uma lata de areia e começou a derramá-la dentro do vaso, que foi preenchendo os espaços entre os pedregulhos.

E pela terceira vez o professor perguntou: "está cheio?". A maioria dos alunos ficou, dessa vez, mais precavida, mas novamente muitos responderam que "sim".

O professor então mandou buscar um jarro de água e jogou-a dentro do vaso, e a água saturou a areia. Feito isso, perguntou para a classe: "qual o objetivo desta demonstração?".

Um jovem e brilhante aluno levantou a mão e respondeu: "não importa quanto a 'agenda' da vida de alguém esteja cheia. Ele sempre conseguirá 'espremer' mais coisas dentro dela.".

"Não". – respondeu o professor. "O ponto é o seguinte: se você não colocar as pedras grandes em primeiro lugar dentro do vaso, nunca mais conseguirá colocá-las lá dentro novamente. As pedras grandes são as coisas importantes de sua vida: sua família, seus amigos, seu crescimento pessoal. Se você preencher sua vida com coisas pequenas, como demonstrei com os pedregulhos, a areia e a água, nunca terá tempo para as coisas importantes.".

Por isso, quando estiver incomodado com a falta de tempo para fazer suas coisas, lembre-se dessa história. Ela é poderosa na reflexão para você decidir agir de modo que priorize as coisas que realmente são importantes na sua vida.

Você É Responsável pela Sua Felicidade

"Procure descobrir seu caminho na vida. Ninguém é responsável por nosso destino, a não ser nós mesmos."
Francisco Cândido Xavier

Você já parou para pensar o que é preciso acontecer para você se sentir bem? Precisa que alguém o admire, diga quanto você é importante, abrace-o e beije-o? Ganhar muito dinheiro, ser reconhecido pelo seu trabalho, elogiado por seus familiares? Participar de todos os eventos sociais? Ser um exemplo para todos? Ser espiritualizado? O que de verdade precisa acontecer para você se sentir bem?

Escreva agora a atitude e o comportamento que você deseja melhorar

ATITUDE/ COMPORTAMENTO: _____

O QUE EU VOU FAZER DE DIFERENTE? _____

QUANDO? _____

Na realidade, sabemos que nada precisa acontecer para que nos sintamos bem. Podemos estar bem, neste momento, sem precisar de alguma razão para que isso ocorra. Muitas pessoas depositam seu bem-estar em coisas desnecessárias e superficiais, muitas vezes sem sentido. Pense nisso.

As palavras de Aristóteles, filósofo grego, no texto "Revolução da alma",[2] escrito no ano 360 a.C., permanecem vivas nos tempos atuais.

> Ninguém é dono da sua felicidade, por isso não entregue sua alegria, sua paz, sua vida, nas mãos de ninguém. Absolutamente ninguém.
> Somos livres. Não pertencemos a ninguém e não podemos querer ser donos dos desejos, da vontade ou dos sonhos de quem quer que seja.
> A razão da sua vida é você mesmo.
> Sua paz interior é sua meta de vida. Quando sentir um vazio na alma, e acreditar que ainda está faltando algo, mesmo tendo tudo, volte o seu pensamento para seus desejos mais íntimos e busque a divindade que existe em seu interior.

Pare de colocar a sua felicidade, cada dia, mais distante de você. Não coloque objetivos longe demais de suas mãos. Abrace os que estão ao seu alcance, hoje. Se você anda desesperado por problemas financeiros, amorosos ou de relacionamentos familiares, busque no seu interior a resposta para acalmá-lo.

Você é o reflexo do que pensa diariamente. Por isso, pare de pensar mal de você mesmo e seja sempre o seu melhor amigo.

Sorrir significa aprovar, aceitar e felicitar. Abra então um sorriso para aprovar o mundo que quer lhe oferecer o melhor. Com um sorriso no rosto, as pessoas terão as melhores impressões de você, e, assim, estará afirmando para si próprio, que está "pronto" para ser feliz.

Trabalhe, trabalhe muito a seu favor. Pare de esperar a felicidade sem esforços. Pare de exigir das pessoas aquilo que nem você ainda conquistou. Critique menos e trabalhe mais. E não se esqueça nunca de agradecer. Agradeça tudo o que está na sua vida, neste momento, inclusive a dor. A nossa compreensão do universo ainda é muito pequena para julgar o que quer que seja na nossa vida.

4

Você, Empreendedor

> *"Muitas coisas não ousamos empreender por parecerem difíceis; entretanto, são difíceis porque não ousamos empreendê-las."*
>
> Sêneca

Como surge um empreendedor? Você já pensou o que faz com que as pessoas reajam aos desafios da vida de forma diferente? O fato é que na vida de cada um de nós chega a hora do grande desafio em que seremos testados. Uma hora em que a vida parece injusta conosco, em que nossa fé é abalada, nossos valores são questionados, nossa paciência parece se esgotar e tudo parece estar além dos limites de nossa capacidade de resistência. Nesses casos, as pessoas bem-sucedidas entendem esses momentos como oportunidades para se tornarem pessoas melhores. Elas não têm menos problemas do que as que falham.

Contudo, é preciso saber que o caminho para o sucesso como empreendedor não será instantâneo. Não acredite também que seu êxito virá sem esforço e dedicação. Isso não acontece! Você não vai simplesmente ganhar dinheiro, você vai conquistá-lo.

O sucesso é conquistado depois de tudo o que fazemos em nossa vida. Por exemplo: o fato de você estar lendo este livro mostra que tem interesse em conquistar algo. Você então deu um passo na direção dos seus objetivos, mas isso não garante que conseguirá, pois o caminho do sucesso é construído passo a passo.

Tenho um amigo que diz: "ninguém sobe na vida de elevador. É preciso enfrentar uma escada, degrau a degrau, para alcançar o topo". Isso pode parecer estranho quando você ouve histórias de pessoas que, de uma hora para outra, conquistaram sucesso e dinheiro, mas se você pesquisar, a fundo, verá que, por trás desse triunfo, na verdade, houve muito esforço anterior, muita dedicação e, provavelmente, muitos fracassos também.

Ser representante de uma empresa de vendas por relacionamento é trabalho como outro qualquer, mas com a diferença de que você é livre e determina quanto quer ganhar. Não pense que você ganhará dinheiro fácil, sem fazer nada. Isso não existe. Como dizem, o único lugar em que sorte vem antes de trabalho é no dicionário.

Como executivo de uma das maiores empresas de venda direta do mundo, presenciei o sucesso de muita gente. Pessoas que começaram investindo baixo, em um kit de produtos apenas e, em poucos meses, já haviam conquistado uma vida melhor.

Conheci uma pessoa que era consumidora de uma marca de cosméticos, sempre assídua na compra dos produtos. Uma vez, ela foi convidada a se tornar uma consultora e revender os produtos, e aceitou. Olhou para o material que tinha em mãos e pensou: "que legal! Isso vai dar dinheiro. É um caminho para uma renda extra". Então, ela investiu no produto de que mais gostava, pois assim conseguiria vender melhor. Depois de algum tempo, ela percebeu que aquele negócio estava lhe proporcionando um lucro legal e ainda tinha tempo para estudar e para dedicar-se ao marido e à casa. O negócio dava lucro, muito mais do que se estivesse num emprego formal, acordando cedo e dormindo tarde. Ela decidiu então estudar e, na faculdade, começou também a oferecer os produtos para os colegas de classe, aumentando assim sua clientela. Ela diz com orgulho que atualmente sua renda foi responsável por comprar uma casa e educar o filho.

Ser empreendedor no mercado de marketing de rede é uma grande oportunidade de realização pessoal e financeira, mas, como qualquer tipo de negócio, depende muito mais da sua dedicação do que de outra coisa. É preciso empenho da sua parte para obter os resultados desejados.

Decida o Melhor para Você

"Não existe nenhum manual de instruções sobre como lidar com o sucesso, então você deve fiar-se apenas em ter bons amigos e uma boa equipe."

Bryan Adams

No mercado de vendas por relacionamento, é preciso entender o melhor modelo de negócio para você, bem como a empresa que mais se identifica com suas crenças e seus valores.

Em venda direta, temos dois modelos que as empresas adotam: mononível e multinível. Em ambos os modelos você terá a oportunidade de ganhar como revendedor dos produtos para seus clientes, como também o benefício de adquiri-los para consumo pessoal, com desconto.

No sistema mononível, o revendedor compra o produto e o revende com uma margem de lucro de um percentual da venda. Simples assim. Vendeu, ganhou.

O multinível é também conhecido como marketing de rede, isto é, um tipo de venda em que é possível atrair pessoas para fazer parte de uma equipe, com direito a um percentual sobre suas vendas. Quer dizer, além de o revendedor obter lucro na revenda do produto, ele também ganha com a rede de revendedores atrelada ao seu perfil. Com esse modelo, é possível o revendedor recrutar indiretamente outros vendedores, participando posteriormente nos resultados do seu grupo, nas vendas de porta em porta.

O modelo é ótimo e bastante explorado com sucesso no Brasil por marcas sérias, mas o sistema tem histórico de insucessos com marcas mal-intencionadas, que ocultam, dentro do modelo, o esquema da pirâmide. Em sua escolha, é preciso ficar atento quanto ao serviço ou produto oferecido, pois o marketing multinível é uma modalidade que se autossustenta, e que trabalha com produtos reais.

No modelo multinível, você precisará se preocupar também com a liderança de uma equipe, que muitas vezes, surge no âmbito dos próprios revendedores. E esse líder acaba formando equipes enormes, espalhadas por todo o país.

Nesse processo, cada empresa adota sua própria prática de remuneração e um plano de carreira. Há aquelas que remuneram líderes que associam vendedores até nove degraus abaixo dele. Outras, até no máximo três. Algumas ainda oferecem bônus àqueles que treinam novos vendedores.

Como se vê, é sempre muito promissor o trabalho com vendas por relacionamento, e para que você faça a melhor escolha, quero agora lhe apresentar algumas indicações.

Antes de você decidir, investigue. Verifique se a empresa está registrada na Associação Brasileira de Vendas Diretas. Conheça a história da empresa, suas crenças e seus valores, seus sócios e, mais importante ainda, o que ela comercializa, pois os produtos precisam ser desejados pelo consumidor e ter boa qualidade, sem isso haverá dificuldade de fazer uma segunda venda do mesmo produto para seu cliente.

Avalie também se você gosta do produto. Se, por exemplo, pretende vender roupas, deve então ter um bom conhecimento de moda. Quando você gosta de determinado produto, é mais fácil comercializá-lo e, quando ele tem boa qualidade, você ganha autoconfiança. Com isso, pode também influenciar outras pessoas a participarem da sua equipe e vender os produtos.

Por isso, comece com uma empresa que já tenha experiência no negócio, assim evitará os aventureiros nesse mercado. Escolha uma empresa que tenha pelo menos quatro anos de atuação. Estude o plano de pagamento de comissões e sua política de compensações. Existem empresas que remuneram por vendas e recrutamento de pessoas para equipe. Conheça também suas metas e suas regras de exclusão cadastral. E evite empresas que vinculem o pagamento da sua comissão a metas abusivas.

Um dos facilitadores desse negócio é que você invista relativamente pouco no empreendimento, especialmente no começo das atividades. Muitas empresas exigem uma taxa de adesão inicial, com um valor convertido em produtos para você começar a faturar. Por isso, é preciso ficar atento às exigências de investimento muito alto.

Seja Perseverante no Começo

"O trabalho perseverante vence todos os obstáculos."
Virgílio

Uma coisa é preciso ter em mente: o começo é mais difícil, mas se você conseguir superar as dificuldades iniciais, terá um enorme prazer no futuro. O segredo é perseverar. Quando temos objetivos claros e nos propomos a percorrer uma estrada, o que temos de fazer é percorrer, passo a passo, a jornada, até chegar ao ponto desejado. É natural que apareçam problemas e obstáculos, e até o cansaço, mas o sucesso é garantido quando decidimos prosseguir e não desanimar, ainda mais quando sabemos que o que nos espera é a nossa realização no ponto de chegada. Por isso, o que temos de fazer é nos preparar para a caminhada. Isso sim, para nos defender do Sol, da chuva, da fome, do frio ou de qualquer outro contratempo. Quando procuramos nos preparar encontramos resistência em cada passo dado. E também apoios que vão surgindo ao longo do caminho. O importante é manter o entusiasmo inicial como uma chama a motivar o percurso. Muitas vezes não é tão fácil assim, mas é necessário para que tenhamos o êxito que desejamos naquilo que decidimos empreender.

Minha sugestão é que você se fortaleça no início do seu empreendimento, conversando com as pessoas que estão na atividade há mais tempo. Procure-as então e peça-lhes ajuda. Converse sobre suas dificuldades, busque uma solução com quem já tem experiência e conseguiu superar os desafios do dia a dia.

Os fatos mostram que as dificuldades são maiores principalmente no início de qualquer empreendimento. Muita gente pensa que vai vender para todos os parentes e a vizinhança, na faculdade, logo na primeira vez. Procura reunir pessoas, mas não consegue. Daí, diante da dificuldade, começa o desânimo. É nessa hora que é preciso focar o positivo e perseverar, isto é, fazer continuamente, não se deixando abalar pelo emocional. É assim mesmo, você precisa então acreditar, pois o resultado certamente compensará todo o esforço.

É importante termos consciência das inúmeras oportunidades que nos são oferecidas no dia a dia, e depende de nós, aproveitá-las, transformando a nossa vida para melhor. O fato é que ninguém alcança o sucesso sem esforço, dedicação e muito trabalho. É o que costumam dizer os bem-sucedidos. Eles chegaram lá com 1% de inspiração e 99% de transpiração.

E também há outro fato: muita gente vai querer desmotivar você dizendo que está perdendo tempo, que não dará certo, que fulano ou ciclano já tentaram e não conseguiram, que há muita gente vendendo etc. É assim mesmo, por isso você precisa estar preparado para não se deixar abater por essas opiniões e prosseguir em seu propósito, trabalhando com afinco. E mais uma vez você precisa acreditar, pois o resultado compensará todo o esforço.

No começo, você terá uma nova rotina, com mais investimento de tempo e dinheiro. Até que você alcance um ponto de maturação, levará um pouco de tempo. Não é da noite para o dia que as coisas acontecem. Todo mundo passa por esse processo e não há como fugir desse roteiro. Não existe mágica nisso, mas você pode acelerar o processo, dedicando-se mais, principalmente no início da atividade.

Um dos segredos do empreendedor bem-sucedido é a crença no resultado positivo, aliado ao empenho em tudo o que faz. É preciso ter convicção das suas decisões e encarar as adversidades da vida como um degrau a ser alcançado. Só assim conseguirá o êxito.

Dicas de Ouro Sobre Vendas por Relacionamento

"Ser empreendedor é executar os projetos, mesmo que haja riscos."
Augusto Cury

1. **Entenda as necessidades e as características de cada cliente.**
   Segmente seus clientes e evite oferecer todos os produtos para todos eles. Isso pode irritar o cliente e impedir uma próxima venda. É preciso, portanto, oferecer o produto certo e, para isso, você deve conhecer bem seu clien-

te, ouvi-lo mais. Poderá fazer coisas simples, nesse sentido, por exemplo, anotar algumas características importantes dele. Isso fará toda a diferença para fidelizá-lo. Nunca empurre um produto para ele. Lembre-se: o mais importante não é uma venda, mas o cliente.

Para ajudar no relacionamento com os clientes, faça um controle mensal e anote:

Quantos clientes você atende por mês?_____ (escreva a quantidade de clientes atendidos por mês)

Quantos compraram?_____ (taxa de conversão)

Quanto cada cliente comprou R$ _____ (valor de venda por cliente - ticket médio)

Com essas informações você já pode apurar o valor mensal vendido, a taxa de conversão e o ticket médio de venda.

Em seguida, responda às perguntas para cada cliente:

Quando você vendeu o produto ou serviço, qual problema do seu cliente você resolveu? Ou qual foi o benefício/prazer que seu cliente teve comprando com você?

_____
_____
_____

2. **Ofereça um atendimento personalizado**
No início do seu negócio, você não precisa selecionar as pessoas para vender. No entanto, com o passar do tempo e a identificação dos clientes fiéis, concentre-se naqueles que compram sempre, oferecendo um trabalho personalizado. Vender muito não significa lucrar muito. Você precisa ter bons clientes.

3. **Ajude seu cliente a encontrar o melhor produto para ele**
Há uma diferença entre vender e oferecer uma consultoria. Enquanto a primeira apenas revende os produtos, a segunda conhece a marca e o produto, propõe combinações e conhece as reais necessidades dos clientes, por isso tem mais chances de sucesso.

4. **Evite reuniões com muitos clientes de uma vez**
   Fazer grandes eventos para reunir os clientes e mostrar os produtos pode não ser uma boa ideia, pois a dispersão toma conta do local e os consumidores não se sentem privilegiados. Por isso, faça eventos mais direcionados, com a explicação de um produto específico, e com menos pessoas.

5. **Mantenha um relacionamento ativo com seus clientes**
   Defina um período de contato com seus clientes. Anote o que seu cliente comprou e quando foi sua última compra. Perceba o hábito de consumo dele e agende para oferecer um novo produto antes que o antigo acabe. Isso é muito importante para garantir a segunda venda.

6. **Mantenha seus clientes bem informados**
   Sempre comunique a seus clientes sobre as ofertas, os brindes e os lançamentos da marca que você representa. À medida que você trabalha bem essa relação, consegue aumentar suas vendas (com menos trabalho).

7. **Nunca menospreze uma venda pequena**
   Uma venda pequena pode garantir um cliente assíduo, bem como uma venda grande, conforme seu atendimento e sua consultoria. Isso porque o cliente de uma venda pequena, bem atendido, pode lhe indicar para outro, e assim você vai aumentando cada vez mais as suas vendas.

8. **Use as redes sociais**
   As redes sociais são muito poderosas para o mercado de vendas por relacionamento. E as empresas estão migrando do mercado porta a porta para o digital. Fique ligado, então. Saiba usar Facebook, YouTube, Qzone, WhatsApp, Google+, TumbIr, Twitter, entre outras importantes ferramentas do universo virtual. De acordo com pesquisa realizada pela Gambox num universo de mais de 20 mil mulheres em todo o país, 43% das consumidoras entre 26 e 35 anos preferem comprar produtos por meio da internet. Entre as razões estão a praticidade em adquirir os produtos sem precisar se locomover até um estabelecimento, a oportunidade de observar a avaliação de outras consumidoras nos comentários de mídias especializadas, além de segurança e comodidade de receber os produtos em casa.[1]

9. **Aumente sua rede de relacionamento**
   O uso da rede social pode aumentar muito a sua rede de relacionamento, mas não acredite que fará a venda por si só. É importante ter contatos

qualificados e clientes em potencial. Frequente também mais eventos que reúnam o público que você quer conquistar, como por exemplo, clubes, convenções, associações de classe etc. E nesses lugares, conquiste o maior número possível de novos contatos.

10. **Faça o cliente se transformar no seu vendedor.**
A melhor forma de aumentar suas vendas é tornar o cliente seu vendedor. Quando seu cliente gosta do seu atendimento e do seu produto, ele naturalmente falará bem de você para a rede de contatos dele, e isso lhe trará confiança na conquista de novos clientes.

5

Você, Líder de uma Equipe

> "A maior habilidade de um líder é desenvolver aptidões extraordinárias em pessoas comuns."
>
> Abraham Lincoln

A partir do instante em que você começa um empreendimento, grande parte do seu tempo será empregada na captação de pessoas para formar uma equipe. Para você ser bem-sucedido no marketing de rede, é preciso construir um time, isto é, convidar pessoas a trabalhar com você. O problema é que a maioria das pessoas não sabe como liderar uma equipe. Por isso, passaremos aqui algumas informações valiosas para você tirar o melhor proveito da sua capacidade de liderança.

Na minha vida profissional, ocupei cargo de liderança desde os 18 anos, mas antes disso tive várias funções de liderança em minha comunidade. Aos 12 anos, por exemplo, fui representar o Brasil no Encontro Mundial de Líderes da Associação Cristã de Moços (ACM), no Chile. Aos 18 anos, fui diretor de teatro amador e, aos 21, entrei para a Maçonaria, em decorrência da atitude de liderança que sempre tive.

Em toda a minha vida, sempre liderei por influência natural e nunca por imposição, mesmo tendo autoridade para agir, eu raramente a usava para impor, mas sim para propor. Usar a liderança por influência natural é muito mais trabalhoso, mas em contrapartida é prazeroso, pois as pessoas fazem as coisas não porque estão recebendo ordens, mas sim porque foram convencidas.

Aprendi com isso que liderança é a capacidade de influenciar as pessoas a fazerem o que não querem e não gostam de fazer.

Quando você tiver uma equipe, procure conhecer a fundo as pessoas, seus desejos e seus anseios. Você precisará criar um ambiente para motivá-las, por isso é muito importante descobrir o que motiva cada uma, pois nem sempre a motivação é financeira. Para alguns o reconhecimento vem em primeiro lugar, para outros o desafio é o mais importante, e assim por diante. É preciso, portanto, descobrir o que motiva as pessoas que você pretende liderar.

Não deixe sua equipe sem respostas e cumpra os prazos e as promessas feitas. Já vi muita equipe sem liderança, sem orientação e muitas empresas perdendo produtividade por causa da falta de liderança. Por isso, seja positivo com sua equipe. Reconheça mais e critique menos. Incentive e ajude seus liderados a conquistarem as metas, pois o sucesso deles é o seu sucesso. Lembre-se: cada componente da sua equipe não trabalha para você, mas trabalha com você.

Para motivar e manter a equipe sintonizada, é preciso boa percepção e acerto nas decisões. No dia a dia, não julgue antes de saber dos fatos. Não faça ameaças nem pense que tem o direito de dizer ou fazer qualquer coisa que humilhe alguém. Elogie em público e critique em particular. E quando elogiar, faça-o de forma honesta e sincera. Sua equipe percebe quando você elogia somente para agradar.

E mais: interesse-se de verdade pelas pessoas. Ouça atentamente o que elas têm a dizer. Procure honestamente ver as coisas do ponto de vista de cada pessoa.

Uma liderança participativa abre espaços e faz com que as pessoas queiram assumir novos papéis, permitindo que elas contribuam na busca de soluções, participando dos resultados e aumentando os níveis de comprometimento.

O papel do líder passa também a ser o de conselheiro e facilitador perante a sua equipe. Com a prática de liderança por influência natural e participativa é possível obter muitas vantagens, entre elas, conseguir o enriquecimento pessoal e profissional de todos com a troca de experiências, adquirir respeito da equipe pelo trabalho individual, ter espaço para expor ideias, como também evitar desgastes e sobrecarga, ser mais eficaz nas decisões etc. O líder deve manter sua equipe unida e motivada, para que o empreendimento de todos seja bem-sucedido.

Como Ter um Time de Alto Desempenho?

"Eu sou parte de um time; então, quando venço, não sou eu apenas quem vence. De certa forma, termino o trabalho de um grupo enorme de pessoas!"

AYRTON SENNA

Conheço diversos líderes que acreditam ter um time de vendas, mas na verdade, muitas vezes, têm um bando de pessoas com objetivos diferentes que atuam como vendedores.

Para ter um *time* você precisa saber a diferença entre bando, grupo, equipe, time e um time de alto desempenho.

Bando é qualquer aglomerado de pessoas. Grupo é o conjunto de pessoas reunidas num mesmo lugar, que apresentam o mesmo comportamento e a mesma atitude. Já a equipe tem um objetivo comum, que condiciona a coesão de seus membros. Gosto de usar a palavra time, pois, para mim, o melhor conceito que tenho de time é: quando um ganha, todos ganham; quando um perde, todos perdem. Isto é, o *time* pode fazer dez pontos, mas se sofrer onze pontos no final, o *time* perde, então todos perdem.

Ter uma equipe de vendas é fácil, mas ter um *time de vendas com alto desempenho* exige competência de liderança. E para ter alto desempenho em um time é preciso que:

1. As regras sejam claras.
2. O compromisso seja de todos.
3. Cada um vá além de suas funções e ajude o outro.
4. As ideias sejam compartilhadas e que haja alto grau de comunicação.

Você como líder deverá se empenhar em assegurar:

1. Foco em resultado.
2. Senso de prioridade e velocidade.
3. Orientação ao fazer acontecer.
4. Bom relacionamento.
5. Clima bom e amizade, companheirismo e integração.
6. Relacionamento aberto entre as pessoas, com transparência, verdade e sinceridade.
7. Humanismo e respeito entre as pessoas.
8. Comunicação intensa.

Não há nada que desmotive mais um time de vendas do que a falta do senso de justiça, o que é diferente de o líder ser bonzinho, pois ser justo é respeitar os valores e as diversidades de cada um.

Combine então o jogo com seu time. Se confiança para você é algo importante, deixe isso claro para todos. Combinar o jogo é estabelecer as regras de um bom relacionamento, como: os prazos devem ser cumpridos ou previamente negociados, a pontualidade deve ser respeitada, os problemas devem ser abordados sem se preocupar em escondê-los, não deve haver melindres nos diálogos, enfim, é preciso ser franco, direto e objetivo.

Quando for premiar alguém, apresente argumentos claros sobre os motivos para os demais, e nunca deixe de considerar as explicações de quem não foi reconhecido. Nada é mais forte no aprendizado de uma pessoa do que o exemplo. Os discursos, por mais brilhantes que sejam, perduram menos na nossa mente do que as atitudes. Para um *time*, a ação do líder sempre diz mais que qualquer discurso. Por isso, é fundamental haver coerência entre o que se fala e o que se faz.

É preciso, portanto, trabalhar a força do exemplo positivo, pois somente assim você venderá com mais facilidade suas ideias e conquistará o envolvimento das pessoas.

E mais: procure propor soluções simples e estimular seu time a ousar pensar coisas que não foram feitas antes para obter melhores resultados.

Seu time precisa ser constante em resultados, isto é, equilibrar a oscilação de altos e baixos. Ter um time consistente nos resultados é uma forma de solidez nos negócios, para elevar também o nível dos demais. Por isso, concentre sua energia em fazer acontecer e não somente em realizar diagnósticos, avaliações, críticas etc., procurando evitar também o jogo político.

Tenha um Plano de Desenvolvimento Individual da Sua Equipe

"O sucesso vem como resultado do desenvolvimento do nosso potencial."
John Maxwell

Mesmo que a sua equipe não seja formal, com uma relação gerente colaborador, saiba que todo líder precisa ajudar no desenvolvimento dos seus liderados. Você precisa atuar como uma fonte de inspiração, um facilitador, dando apoio às necessidades da sua equipe e ajudando-a a desenvolver competências técnicas e comportamentais; precisa incentivá-la ao bom desempenho.

O melhor plano de desenvolvimento que você poderá fazer para sua equipe é individual, ou seja, cada pessoa terá um plano diferente do da outra, porque as pessoas têm necessidades e anseios diferentes.

Todo planejamento deve seguir três itens básicos:

1. Estabelecer a situação real, isto é, fazer um diagnóstico preciso de onde você está, quais são seus meios, com quem você pode contar etc. Você pode fazer uma checklist para isso, anotar, fazer uma relação, item por item, do que você já tem, fazendo assim uma espécie de mapa da situação.

2. Definir aonde você quer chegar, o que quer fazer, qual seu objetivo, de modo concreto. Para isso não pode haver subjetividade nem ambiguidade. É preciso pontuar de maneira clara o que exatamente você quer, para poder saber que passos deve dar para alcançar seu objetivo.

3. Você precisa saber o que deve fazer para chegar aonde deseja. Quais as tarefas e as incumbências, o que delegar, como construir a possibilidade que deseja. Tudo isso mostra a importância do planejamento como uma orientação do que você precisa fazer e, evidentemente, dependerá da sua disposição e do seu empenho, na execução daquilo que planejou. É preciso, portanto, ter definidos com clareza os objetivos, as estratégias e o conjunto de ações necessárias.

Você poderá dividir seu plano de desenvolvimento individual em dois pilares: plano quantitativo e plano qualitativo. O primeiro refere-se à estratégia usada para alcançar os resultados numéricos; já o segundo é voltado para o atitudinal.

Todo plano de desenvolvimento precisa de uma ação e de um prazo. As ações podem ocorrer de diversas formas, como assistir a um vídeo que trate de um assunto relacionado a uma qualidade específica que a pessoa precisa desenvolver, participar de treinamentos, interagir nas reuniões, contribuir com o grupo etc. O plano é desenvolvido em conjunto, mas a responsabilidade de execução é de cada profissional que faz parte da equipe.

PLANO DE DESENVOLVIMENTO INDIVIDUAL

Listar ações para o desenvolvimento de cada integrante da sua equipe.
Definir claramente se o desenvolvimento escolhido é prioridade alta, média ou baixa.

Sugestões de desenvolvimento

1. Treinamento durante a atividade
2. Programa de treinamento externo
3. Experiência com outras pessoas
4. Leitura dirigida de livros
5. Participação em palestras
6. Fazer apresentação em público
7. Novas tarefas/atividades
8. Assistir a um filme dirigido
9.
10.
11.
12.

Pontos fortes e a desenvolver	Ações de desenvolvimento	Responsável	Prazo para o desenvolvimento	Prioridade

A Importância do Treinamento

"A maneira de treinar depende de uma ação consciente, mas o objetivo do treinamento é conseguir o domínio da técnica, o que é inconsciente."

JIGORO KANO

Se você está no negócio para dar certo, precisa conhecer a empresa que representa e os produtos que vende. Para isso, é importante participar de muitos treinamentos. Todas as grandes empresas oferecem treinamentos gratuitos, que você não pode deixar de fazer.

Para ser um bom profissional, em qualquer área de atuação, você precisa de treinamento. Tenha a cabeça aberta para adquirir novas competências. Se você é uma revendedora de cosméticos, por exemplo, faça um curso de maquiagem ou algo voltado à estética. Com a capacitação, há mais credibilidade e segurança com os clientes, pois assim é possível oferecer os produtos com mais propriedade.

Nos treinamentos, você esclarece suas dúvidas, conhece e experimenta os produtos ou serviços. E ainda recebe material de apoio que vai ajudá-lo a vender mais e melhor.

A cada dia surgem novas tecnologias, novos métodos e produtos diferentes. Por isso, para ter espaço num mundo cada vez mais competitivo, o treinamento se torna indispensável. Busque também aprimorar suas técnicas de trabalho e seja um profissional de vendas cujo cliente em potencial dificilmente resistirá a comprar um produto.

Vendedores treinados (que conhecem cada detalhe dos produtos e serviços que vendem) mostram o que sabem e se tornam mais seguros ao expor o produto ou serviço ao seu cliente. Lembre-se de que os clientes detestam vendedores que não sabem do que estão falando. Nesse ponto também o mercado está cada vez mais exigente. Vende mais e melhor quem conhece bem o produto.

Você pode até dizer assim: "Eu já sei fazer isso. Não preciso de treinamento". E então vou lhe dizer que precisa, sim, de treinamento. Sabe por quê? É simples: quem não treina perde o ritmo, mais cedo ou mais tarde. Ao observar alguns profissionais que obtiveram o maior destaque na sua área de atuação, veremos que eles treinavam muito. Um deles foi Ayrton Senna, que treinava demasiadamente, era muito disciplinado e determinado. Sabia fazer, mas não parava de treinar. Outro exemplo é Michael Schumacher, o maior campeão de Fórmula 1 de todos os tempos, que treinava obcecadamente. Cada vez que ganhava uma corrida, treinava ainda mais para continuar ganhando.

Os atletas que conquistaram sucesso no esporte treinaram mais do que o necessário, mais do que seu concorrente. Os jogadores de futebol, por exemplo, Marcelinho Carioca e Rogério Ceni, foram os melhores batedores de falta em suas épocas. Sabe o segredo? Eles ficavam treinando por horas chutes a gol, após o treino do time. Enquanto todos os outros jogadores estavam voltando para casa, eles ficavam treinando um pouco mais. Isso fez a diferença.

Não existe nenhum esportista bem-sucedido que não tenha tido de treinar ostensivamente. Todo profissional renomado se dedicou a aprender algo novo e buscou constantemente o aperfeiçoamento.

Descubra você a beleza de aprender. A partir de então, outro mundo estará disponível. Acredite.

6

Você, Dono do Negócio

> *"Eu me tornei um empresário bem-sucedido porque aproveitei todas as boas oportunidades que me apareceram."*
>
> OLACYR DE MORAES

Para se tornar um verdadeiro profissional do marketing de rede, é preciso ter em mente que o negócio é seu. Você pode ser representante de qualquer produto e seguir as regras da marca que lhe for determinada, mas a gestão do negócio deve estar sob sua responsabilidade. É necessário gerenciar.

E sabemos que quem não acompanha não gerencia. É fundamental, portanto, que você acompanhe seu negócio, seja ele virtual, seja pessoal.

Veja algumas indicações para uma boa gestão:

1. Crie e acompanhe indicadores qualitativos e quantitativos, como, por exemplo, a conversão de vendas, a quantidade de visitas, o feedback de e-mail marketing etc.
2. Ao criar uma estratégia, analise o desempenho de forma racional e não siga apenas sua intuição.
3. Identifique as dores e os desejos da sua equipe para ajudá-la a desenvolver as competências necessárias ao seu negócio.
4. Reconheça e incentive as boas práticas.
5. Exercite e implante a estratégia na prática, com base na análise de resultados.
6. Tenha um plano de Comunicação e Marketing. E deixe claro para sua equipe aonde quer chegar e quando.
7. Seja impecável com sua imagem. E conquiste a confiança das pessoas com sua postura.
8. Conheça seu negócio, seja especialista no assunto. Isso faz uma grande diferença para transmitir segurança para os clientes e toda a equipe.
9. Tenha em mente que a velocidade não é tão importante quanto a direção.

Como Começar Sua Rede?

"É graça divina começar bem. Graça maior, persistir na caminhada certa. Mas graça das graças é não desistir nunca."

Dom Helder Câmara

Você decide a velocidade que quer dar ao seu negócio. Se você tem um destino e quer chegar depressa, precisa ir de avião, pois significa que para decolar é necessário dar 100% da sua capacidade, e se o avião não usar sua potência total, ele não decola, assim como seu próprio empreendimento.

Entretanto, você pode escolher ir de carro ou usar qualquer outro meio, então decidiu ir devagar, e vai demorar mais para chegar ao seu destino, ou seja, pode desanimar antes de chegar ao sucesso.

No marketing de rede é importante que você escolha ir mais depressa, ter foco e energia total para conseguir alavancar os resultados. Você precisa dar tudo de si, num curto período.

Todo negócio tem um preço a pagar, e você precisa saber que seu preço é começar com potência total, aprender novas habilidades, ter dedicação e energia para sair de casa, participar de reuniões e treinamentos, conhecer e convidar pessoas a participarem da sua rede de negócios.

Você precisa ver um todo, ou seja, quando iniciar esse negócio é importante identificar, desde a comissão inicial no recrutamento de pessoas, as próximas bonificações, os ganhos em um ano, bem como para a vida toda, o plano de carreira, a graduação do negócio, a reputação e o prestígio de chegar aonde você deseja. Somando tudo isso, veja se vale a pena o empreendimento. Se decidir que sim, você não pode se dar ao luxo de não começar, pois o processo vai ajudá-lo a chegar lá se você enxergar o todo, o conjunto da situação.

Das pessoas que você convidar para se cadastrar, saiba que nem todas continuarão o negócio, algumas poderão desistir no primeiro mês. Segundo a minha experiência, 40% não sairão do lugar no primeiro mês, comprando apenas o kit inicial e nada mais. Se você então cadastrou dez pessoas no mês, conte que terá apenas seis pessoas depois de dois meses. E dessas seis pessoas, apenas 70%, ou seja, quatro, estarão engajadas verdadeiramente no processo. Pesquisas mostram que metade das pessoas engajadas inicialmente desistem no primeiro ano. Por isso, em geral depois de um ano, das dez pessoas que você cadastrou podem sobrar apenas duas. E posso afirmar, pela minha experiência, que dessas duas que ficaram com você depois de um ano, uma delas, com certeza, poderá representar 90% do resultado.

Com isso, quero dizer que você precisa levar a sério o negócio. Os líderes que estão ganhando muito dinheiro com vendas por relacionamento entendem que o oxigênio do negócio é atrair e reter pessoas. Entendem que de cada dez cadastrados apenas dois continuarão depois de um ano, em um processo normal de marketing de rede.

No entanto, com o método de retenção que desenvolvi, esse número tende a melhorar em 100%. Quero dizer, com isso, que aplicando a metodologia que desenvolvi durante toda a minha experiência, você poderá, no final de um ano de trabalho, conseguir que 40% das pessoas iniciadas estejam comprometidas com o negócio.

Por isso, antes de começar, prepare-se e decida quando iniciar. Isso mesmo. É você quem deve decidir o dia exato para começar. Como numa prova de corrida, que precisa de uma preparação, da colocação do melhor tênis, da roupa adequada para não incomodar, uma alimentação leve e outros fatores para realizar uma boa prova. Assim também ocorre quando você decide iniciar o próprio negócio e convida dez pessoas em quinze dias. Sugiro então que você tenha a meta de cadastrar dez pessoas nos próximos quinze dias.

	Data de início:	Data de término:
1		
2		
3		
4		
5		
6		
7		
8		
9		
10		

Existe ainda uma preparação que precisa acontecer antes de iniciar o recrutamento de dez pessoas em quinze dias. Sei que você não se importa em trabalhar duro para conquistar seus objetivos, mas tenho certeza de que sempre poderá questionar se valerá a pena o esforço.

Daí a importância da preparação, pois esses próximos dias poderão ser os mais difíceis para você alavancar seu negócio. Como sabemos, todo começo é muito difícil, mas é necessário ter em mente a importância de focar toda a sua energia, especialmente nos primeiros quinze dias.

Você precisa estar totalmente comprometido, focado e nada poderá distraí-lo.

A importância dessa preparação é para que você comece seu negócio e não desista antes de terminar os dez cadastros em quinze dias. Para isso, deixe, por exemplo, a sua agenda disponível nesses dias, para que não haja nenhum outro compromisso nesse período. No máximo, você poderá ir ao seu trabalho. E nada mais, isto é, nada mais mesmo. Você terá de deixar de ver TV, de acessar as redes sociais, ficando horas navegando na internet, enfim, de fazer qualquer coisa que o distraia. É a questão da disciplina. Você precisa fazer um acordo consigo mesmo, para estar focado no seu futuro. Pode ter certeza de que o sacrifício valerá a pena. No entanto, quem decide é você.

Num primeiro momento, sei que pode parecer muito difícil estar determinado a adotar essa disciplina, não conheço o dia a dia de cada um, mas sei que talvez você tenha compromisso com os filhos, o marido, a esposa, os pais etc. No entanto, para ter resultado positivo no início do seu negócio, você precisará do apoio deles para não tirá-lo do foco. Por isso, negocie então com seus familiares e permita que o ajudem a pegar firme, argumentando que é algo promissor e que lhe trará grandes resultados financeiros e qualidade de vida.

Conheço uma história que gosto muito de contar e que ilustra a importância de se preparar para iniciar uma tarefa produtiva.

Tempo de amolar o machado
(Albigenor e Rose Militão)

Um jovem lenhador ficou impressionado com a eficácia e a rapidez com que um velho e experiente lenhador da região onde morava cortava e empilhava madeiras das árvores durante seu trabalho.
O jovem o admirava em sua atividade e habilidade técnica, desejando, um dia, tornar-se tão bom, senão melhor, no ofício daquele homem.
Certo dia, o rapaz resolveu procurar o velho lenhador, no propósito de aprender com quem mais sabia.

Afinal, ele poderia tornar-se o melhor lenhador de que aquela cidade já tinha ouvido falar.

Depois de alguns dias daquele aprendizado, o jovem resolvera que já sabia tudo e que aquele senhor não era tão bom assim quanto falavam.

Com ímpeto, afrontou o velho lenhador, desafiando-o para uma disputa: em um dia de trabalho, quem cortaria mais árvores.

O experiente lenhador aceitou o desafio, sabendo que seria uma oportunidade para dar uma lição ao jovem arrogante.

E os dois decidiriam então quem seria o melhor.

De um lado, o jovem, forte, robusto e incansável, mantinha-se firme, cortando suas árvores, sem parar. Do outro, o velho lenhador, desenvolvendo seu trabalho, silencioso, tranquilo, também firme e sem demonstrar cansaço.

Num dado momento, o jovem olhou para trás, a fim de ver como estava o velho lenhador, e qual não foi sua surpresa ao vê-lo sentado.

O rapaz sorriu e pensou: *Além de velho e cansado, está ficando tolo. Por acaso ele não sabe que estamos numa disputa?*

E prosseguiu cortando a lenha sem parar, sem descansar um minuto.

Concluído o tempo estabelecido, encontraram-se os dois e se apresentaram aos representantes da comissão julgadora, que efetuou a contagem e medição.

Para surpresa e admiração de todos, foi constatado que o velho lenhador havia cortado quase duas vezes mais árvores que o jovem desafiante.

Espantado e irritado ao mesmo tempo, ele indagou-lhe qual o segredo para cortar tantas árvores, sendo que, por uma ou duas vezes havia parado e o vira sentado e tranquilo. Que explicação podia dar?

E, sabiamente, lhe respondeu:

– Todas as vezes que você me via sentado, eu não estava simplesmente parado ou descansando. Estava amolando meu machado!

Quero que você reflita sobre o ensinamento dessa história.

Com um machado mais afiado, obviamente o poder de corte do velho lenhador era muito superior ao do jovem.

Embora mais vigoroso, certamente não percebeu que, com o tempo, seu machado perdia o fio e, com isso, sua eficácia.

Quando chegamos a determinadas épocas de nossa vida, como o fim de mais um ano de trabalho, de esforço, de empreendimento, essa lição pode ser muito bem aplicada.

É tempo de amolar o machado!

Embora pensemos que não devemos parar, que tempo é dinheiro e que vamos ficar para trás, percebemos, na prática, que se não pararmos para "amolar o machado", de tempos em tempos, não conseguiremos êxito em nossos empreendimentos.

Amolar o machado não significa apenas descansar o corpo, mas também refletir, avaliar, limpar a mente e reorganizar nosso íntimo. É ainda raciocinar, usar da inteligência para descobrir se estamos empregando nossas forças da melhor forma possível.

Por isso, precisamos guardar algum tempo para essas práticas realmente necessárias. Dessa forma, veremos, mais tarde, que nosso machado poderá cortar as árvores com muito mais eficiência.

Se quiser bons resultados e tiver pouco tempo, tem de parar e afiar bem seu machado, daí a relevância de se preparar antes de começar um importante empreendimento.

Portanto, é preciso parar por um instante e imaginar esse feito: você terminou o recrutamento e conseguiu dez pessoas em quinze dias, e tem agora dez pessoas comprometidas com seu negócio. Como você se sente? Qual é seu prazer em ter realizado isso? Quais os seus futuros rendimentos? Como se sente ao ser admirado e prestigiado no seu negócio? Como seus filhos o veem? Como sua família o vê depois que você batalhou e conseguiu o sucesso?

Pronto: você fez o que disse que ia fazer, seguiu firme e determinado em seu objetivo. Parabéns! No entanto, apenas começou, então programe mais quinze dias, e mais quinze dias...

Incentive Sua Rede

"Se você pensa que pode ou se pensa que não pode, de qualquer maneira, você está certo."

Henry Ford

Durante minha trajetória profissional, liderei muitas equipes de vendas e conquistei premiações importantes, que me ajudaram a formar times de alta performance. Aprendi que as pessoas crescem na direção dos incentivos que recebem, e que o estímulo certo para conquistar as metas é uma ferramenta fundamental para toda a equipe.

Uma coisa importante sobre o incentivo é que as pessoas não são motivadas pelas mesmas coisas. Quero dizer com isso que sua estratégia de incentivo precisa considerar que você não agradará a todos, mas que poderá ser flexível o suficiente, em suas campanhas, para envolver o maior número de pessoas, formando assim uma equipe unida e coesa.

De modo geral, os indicadores de desempenho quantitativo têm dois pilares que sustentam as vendas. Um refere-se ao volume de compras, ou seja, quanto (em valores) foi a compra. Vamos chamar esse indicador de Produtividade. O outro é a frequência da compra, ou seja, quantas vezes, em determinado período, foram efetuadas compras. Vamos chamar esse indicador de Atividade.

Se seu cliente então compra bastante (Produtividade) e compra sempre (Atividade), ele deverá ser um cliente preferencial. Contudo, você terá clientes que poderão comprar muito, no entanto com uma frequência menor; por isso, para esses clientes, você precisa desenvolver uma campanha, fazer uma promoção focada no incentivo adequado a eles, para que comprem com maior frequência.

Desse modo, é preciso criar uma campanha de vendas para melhorar o indicador de atividade dos clientes. E para criar um estímulo de compra frequente nesses clientes, você pode criar uma campanha de incentivos durante certo período usando, por exemplo, brindes exclusivos e colecionáveis para cada compra. Assim, buscará a atividade frequente durante o período da campanha e isso o fortalecerá também como líder, que sabe dar direção para o êxito do empreendimento, em que muitos sairão ganhando.

Os Erros mais Comuns

"Não corrigir nossas falhas é o mesmo que cometer novos erros."
Confúcio

1. **Implorar às pessoas para aderirem à sua rede.**
   Alguns novatos insistem tanto para recrutar as pessoas que acabam por implorar que entrem no seu negócio. Eles só falam do negócio e do produto o tempo todo, assim como os chatos, em qualquer circunstância.

2. **Achar que só seu negócio é bom.**
   Quem pensa assim tem a mente fechada para novas oportunidades e tenta convencer, na marra, as outras pessoas de quão especial é seu negócio.

3. **Enganar as pessoas, convidando-as para uma festa e, em seguida, levá--las para uma reunião de oportunidades.**
   Pessoas que agem assim não ganham nada escondendo coisas dos demais. Por isso, seja aberto e orgulhoso do que faz.
   A confiança é a base de todo bom relacionamento.

4. **Achar que vai ficar rico sem fazer nada.**
   O simples fato de ingressar numa empresa de venda direta, principalmente no modelo de multinível, não fará ninguém ganhar dinheiro somente porque indicou pessoas para a rede de relacionamentos.

5. **Achar que vai ganhar dinheiro somente atrás do computador.**
   A internet poderá ajudá-lo muito no seu negócio, porém não acredite que poderá resolver tudo apenas pelo computador. Para ter os melhores resultados, é necessário levantar da cadeira e conversar com as pessoas, olho no olho. Energizá-las com um cumprimento ou um abraço faz muita diferença para criar maior fidelização de seus clientes.

A Importância da Relação Humana

"Os componentes da sociedade não são os seres humanos, mas as relações que existem entre eles."

Arnold Toynbee

Você poderá estar se perguntando sobre o futuro da venda direta com a popularização da internet. É preciso primeiramente reconhecer o lado positivo da tecnologia, que pode ser muito bem utilizada para as melhorias que desejamos, em qualquer área da vida humana. A tecnologia, portanto, é uma ferramenta extraordinária do nosso tempo, uma aliada que permite a prosperidade para todo aquele que souber fazer bom uso dela. É claro que a tecnologia é meio e não fim, e ela tem limites, não pode tudo. Nada pode substituir a capacidade, o afeto e a inteligência humana. A tecnologia está serviço do ser humano, e não o oposto.

Pois bem. O fato de você vender alguma coisa pela internet não significa que deve abandonar o relacionamento humano. As relações comerciais estão mudando a cada dia, e sabemos da importância das redes sociais na geração de negócios, no entanto, nenhum e-commerce vende sozinho. É necessário criar relacionamento com os usuários.

O meio virtual de comercialização de produtos e serviços é muito importante, mas não é possível substituir as relações humanas pelo meio virtual. As novas tecnologias vieram para auxiliar a venda por relacionamento, nunca para substituí-la.

A base dos negócios continuará sendo a venda por relacionamento, não importa o meio pelo qual isso possa acontecer. O formato da venda por relacionamento pode estar se transformando em função das novas tecnologias, com novos hábitos de consumo, no entanto, a venda consultiva estará sempre permeada de alguma relação entre as pessoas.

Numa experiência comercial, estão inseridos vários fatores emocionais e determinantes para o consumidor fazer sua escolha, como confiança, credibilidade, segurança, consultoria, pós-venda, entre outros. É por isso que, seja pela internet, seja face a face, a magia da venda tem de ser a mesma.

Conheci vendedoras que se transformaram em confidentes dos clientes e criaram uma confiança mútua. Muitas vezes, os negócios propiciam que os clientes se tornem amigos e os amigos virem clientes.

A primeira vez que visitei uma consultora autônoma, eu tinha acabado de assumir uma função gerencial na área comercial. Entrei na casa dela e fui muito bem recebido, com um cafezinho feito na hora. Meu objetivo, com essas visitas, era conhecer de perto as consultoras e entender suas necessidades e seus desejos, enfim, criar um relacionamento mais próximo. E, naquele dia, tive também um grande aprendizado, pois a consultora (que era uma senhora muito simpática) me disse: "Tenho quinze anos de consultoria e quero ficar ainda por muito tempo, pois consegui sair de uma depressão com este trabalho. Eu precisava me relacionar com as pessoas para vender. Então conheci muita gente nova, e, em cada conversa, minha autoestima se elevava, conseguindo assim me livrar dos remédios que tomava. Hoje sou muito grata e feliz com o que faço". Ainda emocionada, ela completou: "Está vendo esta casa, esta televisão e este sofá em que o senhor está sentado? Foi este trabalho que me deu. E o estudo do meu filho só foi possível com a venda dos produtos".

Depois disso, pude perceber que eu não era apenas o executivo de vendas de uma grande empresa. E quando hoje me perguntam o que faço, eu respondo: "ajudo pessoas a serem empreendedoras da própria vida". Esse é o meu propósito de vida.

Suas Metas

"Os passos não conduzem apenas a uma meta; cada passo já é em si uma meta."
ÉMILE AUGUSTE CHARTIER

Agora que você já decidiu, de maneira geral, o que de fato quer, as coisas que são importantes para alcançar o resultado que deseja, é preciso definir mais especificamente suas metas.

A primeira coisa que você precisa aprender a fazer é estabelecer metas para seus objetivos.

A meta precisa ser específica e mensurável, ou seja, você deve ser exato em sua meta. Em seguida, é necessário detalhá-la. Muitas pessoas se confundem ao fazer a definição de metas. Conheço pessoas, por exemplo, que dizem querer mais dinheiro como meta. Eu então lhes pergunto: alguns centavos a mais servem? E as pessoas percebem, com isso, que não haviam definido a quantia exata, daí que sua meta foi alcançada com apenas alguns centavos.

Seus objetivos podem ser, em longo prazo, formar-se na faculdade, ser fluente em um idioma, tornar-se um empresário milionário etc. Se, porém, você deseja alcançá-los algum dia, precisa definir desafios menores, que cumprem a realização de pequenas tarefas para chegar ao principal objetivo. É necessário, portanto, dividir seu objetivo principal em pequenas metas.

Numa empresa, quem define o objetivo de resultado anual precisa diluí-lo no plano orçamentário, em meses. E para alcançar a meta de cada mês, é necessário definir os resultados quinzenais, semanais e diários. Cumprir então a meta diária é fundamental para alcançar o objetivo anual.

Quando decidi escrever este livro, propus um desafio para mim, de escrever pelo menos quinhentas palavras por dia e, em menos de três meses, terminei o livro.

Desse modo, vou procurar ajudá-lo a definir suas metas, na prática. No entanto, antes quero que você responda às seguintes questões para sua reflexão:

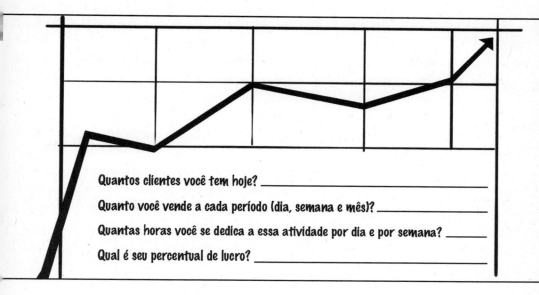

Quantos clientes você tem hoje? _____

Quanto você vende a cada período (dia, semana e mês)? _____

Quantas horas você se dedica a essa atividade por dia e por semana? _____

Qual é seu percentual de lucro? _____

Agora vamos fazer uma projeção do percentual de lucro que você deseja conquistar. Vamos imaginar, por exemplo, que seu objetivo é conquistar R$ 4.500,00 no período de um mês, (considerando vinte dias úteis), com um lucro de 30% das vendas que realiza. A tabela a seguir vai ajudá-lo a visualizar essa projeção:

Total de vendas por DIA	Total de vendas por SEMANA	Total de vendas por MÊS	Lucro de 30%
R$ 750,00	R$ 3.750,00	R$ 15.000,00	R$ 4.500,00

Com esse exemplo, você precisará vender a quantia de R$ 750,00 por dia, de segunda a sexta-feira, para ter um lucro de R$ 4.500,00, no fim do mês.

Feito isso, escreva assim: "Quero conquistar um lucro de R$_____ no período de _____."

Algumas dicas para alcançar suas metas:

- Conquiste novos clientes expandindo seu campo de atuação.
- Aumente o número de produtos vendidos por cliente.
- Aproveite sempre as promoções, inclusive para seu estoque.
- Dedique-se por mais tempo à atividade de venda.
- Profissionalize-se, participe de cursos, oficinas e encontros.

É preciso também saber definir metas. Por isso, gostaria de um compromisso seu para comemorar muito a cada meta alcançada. É fundamental vibrar quando você conseguir alcançar um resultado, pois, por menor que ele seja, é sempre um motivo para agradecer e celebrar.

Agora vamos aos passos para definir suas metas.

1. Estabeleça objetivos menores

Também é preciso dividir seu sonho em várias fatias, se deseja realmente ser um empreendedor bem-sucedido, se quer uma casa, um carro novo, se quer melhorar algum relacionamento etc. Seja o que for, você precisa estabelecer os processos de decisão que deve tomar. Vamos imaginar que você decidiu fazer um curso de empreendedorismo, como uma ferramenta fundamental para realizar seu sonho. A primeira meta então é fazer a matrícula no curso; a segunda é frequentar as aulas, a terceira é exercitar o que aprendeu, a quarta é ir até o fim e terminar o curso. Seu primeiro desafio então era fazer um curso de empreendedorismo, e você o fatiou em quatro pequenos objetivos.

Não seja, portanto, muito rigoroso consigo mesmo, colocando metas irrealistas ou inatingíveis, em especial no início do seu negócio. Muitas pessoas falham e desistem facilmente do negócio de marketing de rede em decorrência de suas expectativas de grandes ganhos rápidos pelo simples fato de terem apenas começado. Lembre-se de que em qualquer negócio que você for empreender, as vendas serão lentas no início. É preciso, portanto, trabalhar e perseverar.

2. Use o método SMART

Esse método é muito usado nas empresas e poderá ajudá-lo no foco para definir melhor seus objetivos. Cada letra em SMART representa um adjetivo que descreve maneiras eficientes de estabelecer seus objetivos.

Começando com S, do inglês *Specific*, que quer dizer ESPECÍFICO.

Os objetivos devem ser específicos, por isso você precisa definir quem, o quê, quando, onde e por quê. Deve haver especificidade naquilo que quer atingir, com números e dados concretos. Você pode dizer, por exemplo: "vou atingir um faturamento mensal de R$ 10.000,00 com a venda dos produtos", em vez de: "quero ganhar dinheiro". Ou ainda: "este ano vou reformar minha casa" em vez de: "quando der, vou tentar reformar minha casa". É preciso haver objetividade nas metas.

Depois vem a letra M, do inglês *Measurable*, que quer dizer MENSURÁVEL.

Isso significa que, para toda meta, é preciso determinar um indicador pelo qual você poderá verificar seu resultado, pois para que você possa acompanhar seu progresso, os objetivos devem ser quantificáveis. Por exemplo: o valor real do faturamento mensal.

Em seguida, vem a letra A, do inglês *Attainable*, que quer dizer ATINGÍVEL.

Suas metas precisam ser desafiadoras, mas você deverá avaliar sua situação honestamente e reconhecer quais objetivos são realistas, e quais são quase impossíveis. Do contrário, isso provocará desmotivação em você, porque é preciso ter o pé no chão, ser realista. Por exemplo: para estabelecer metas de vendas, analise a situação do mercado, dos concorrentes e estabeleça uma meta de crescimento compatível com seu ramo de atividade.

Depois vem a letra R, do inglês *Relevant*, que quer dizer RELEVANTE.

Significa que cada meta precisa ser realmente relevante para o objetivo geral.

Há algumas questões sobre as quais é preciso refletir:
- Isso realmente vale a pena?
- Agora é o momento certo para isso?
- Isso reflete minhas necessidades?

E finalmente a letra T, do inglês *Time-related*, que quer dizer "TEMPORIZÁVEL".

Isso significa que toda meta precisa de um prazo definido. Não podem existir metas com datas em aberto, do contrário, elas serão sempre "não priorizadas" em sua vida. Por isso, é preciso estabelecer uma data para alcançar os objetivos, não apenas para mantê-lo no caminho certo, como também evitar obstáculos no seu caminho.

3. Anote suas metas

Você precisa deixar registradas todas as metas que definiu. Assim que defini-las usando o método SMART, é muito importante anotar positivamente suas intenções. Afirme, portanto, sua dedicação para o Universo.

Reescreva no espaço a seguir este texto: eu vou completar esses objetivos em ___ anos porque sei como alcançá-los seguindo as metas definidas para amanhã, a próxima semana, o mês seguinte e para o ano todo."

4. Encontre alguém que possa ajudá-lo
Seja qual for seu objetivo, você deverá ouvir as pessoas que já conquistaram o que desejavam obter. Procure então pessoas com mais conhecimento e experiência de negócios. É preciso conversar com aquelas que estão fazendo sucesso em sua área. Encontrar a pessoa certa à qual pedir ajuda faz toda a diferença, principalmente no início de qualquer negócio. Se você tiver dificuldades em pedir ajuda do nada, então crie valor para as pessoas a quem está solicitando auxílio.

5. Seja flexível
Para alcançar suas metas, o planejamento funciona como um mapa que você escreveu, passo a passo, para chegar ao seu objetivo principal. No entanto, todo empreendedor deve ter a flexibilidade para entender que uma previsão pode mudar. Esteja, portanto, preparado para mudanças de prioridade, acrescentar ou eliminar metas, tendo em vista o cenário que se apresenta no decurso dos acontecimentos. Definida a estratégia, parta para a ação. A experiência de quem é bem-sucedido, em qualquer área, mostra que se você não obtém resultados satisfatórios, é por dois motivos:

1. Você não está se dedicando suficientemente.
2. Você deve estar trabalhando de maneira errada.

RELACIONAMENTO, INFLUÊNCIA E NEGÓCIOS

Todos os revendedores bem-sucedidos que conheci estabeleciam planejamento e metas com muita disciplina de execução e coragem para ir em frente e perseverar. Em compensação, ganhavam mais dinheiro e eram donos do próprio negócio.

Lembre-se: É você quem determina suas metas e cria atitudes positivas para alcançá-las. Então escreva:

Meu objetivo/sonho/meta é: _____
(ESPECÍFICO, faça uma lista de todas as carcterísticas que seu objetivo tem.)
Eu tenho de _____
para alcançá-lo (MENSURÁVEL. Faça uma listad tudo o que você precisa fazer para alcançar seu objetivo/sonho/meta.)

E para conseguir alcançar realmente meu objetivo/sonho/meta, eu preciso _____
_____ (ATINGÍVEL, escreva todos os passos.
Uma dica: faça isso de trás para frente. Imagine-se já conseguido alcançar seu objetivo, então veja o último passo que foi dado anteriormente, e assim sucessivamente, até chegar ao primeiro passo.)

Este objetivo/sonho/meta é tão importante para mim que, depois de alcançá-lo(la), eu vou me sentir_____ (RELEVANTE)
Eu vou alcançar meu objetivo/sonho/meta em _____
(TEMPORIZÁVEL, escreva dia, mês, ano, ou seja o prazo de quando seu objetivo será alcançado).

Disciplina, Disciplina e Disciplina

"A disciplina é a mãe do sucesso."
Ésquilo

Em qualquer área da vida, não existe sucesso sem disciplina. Um esportista, para ganhar uma Olimpíada, precisa de muita disciplina em seus treinamentos para superar os desafios e alcançar seus objetivos. Um executivo precisa de disciplina para gerir uma equipe, uma mãe precisa de disciplina para educar os filhos.

No mundo em que vivemos, temos múltiplos papéis. Você tem o papel de mãe, pai, mulher, filha, ou seja, há tantos papéis assumidos no dia a dia, que dificilmente é possível dar conta de todos os afazeres. Se você focar os vários papéis, você sentirá o fracasso de querer sempre ser estar bem, como mãe, pai, esposa, chefe. Por isso, é preciso focar um objetivo maior, discernir e decidir pelo que é mais importante, naquele momento. Ter foco e disciplina na execução, portanto, é fundamental para conquistar seus objetivos.

Mesmo no trabalho autônomo, você deve controlar seu tempo. E qualquer mudança de foco pode comprometer seu objetivo, daí toda a atenção, nesse aspecto se faz necessária. Você precisa ser disciplinado e manter o foco, para organizar seu dia. Deve ter o momento certo para tudo. Por isso, é preciso que haja um acordo com você mesmo. Lembre-se: você decide o que fazer. Ninguém vai mandá-lo fazer nada. Basta então ser leal consigo mesmo.

Pessoas com falta de foco e disciplina perdem produtividade. O foco concentrado é como um foguete, capaz de derrubar qualquer coisa que pareça estar detendo você.

Trabalhei por vários anos como executivo de uma das maiores multinacionais de vendas diretas. Tive contato com milhares de pessoas, pude conhecer, mais de perto, as que tinham as melhores performances, os campeões de vendas, e todas elas com disciplina na execução e no foco nas alternativas positivas que havia para seguirem.

Para os representantes da venda por relacionamento, o trabalho traz novas e muitas oportunidades, com flexibilidade de horário etc., por isso a disciplina é fundamental para alcançar o sucesso como profissional. Lembre-se: você determinará sua renda financeira de acordo com o tempo e a energia que dedicará ao seu negócio. É muito importante que entenda isso, pois não é somente o tempo dispendido no negócio que determinará o foco, mas a energia, a dedicação e a concentração no que está fazendo. Conheço muita gente que diz trabalhar muito, e que isso é suficiente para resultados positivos. O mais importante, porém, é trabalhar focado, num período concentrado, do que disperso, durante muito tempo.

Conheci uma pessoa que teve muito sucesso como consultora de uma grande empresa. Fui entrevistá-la para conhecer o segredo do seu êxito. Ela me disse que conquistou sua casa, seu carro, e dinheiro aplicado, com muita disciplina de horário. E conta que tem horário para iniciar e terminar o trabalho, mesmo que o tempo seja flexível, quer dizer, ela pode começar mais tarde ou mais cedo, não importa, mas cumpre uma carga horária diária. A disciplina, portanto, também é para o descanso. Ela tira férias de trinta dias todos os anos, e fica com a família e os amigos nos horários livres.

Para alcançar esse padrão de vida com qualidade, é preciso muita disciplina no exercício da atividade profissional. Lembre-se: quando se trabalha em casa, qualquer coisa pode tirar sua atenção: os filhos, a televisão, a demanda diária da casa. Será necessário então organizar seu dia. Defina um horário para ser dona de casa, mãe, pai, esposa, esposo etc., e um momento determinado para ser empresário, em que nada possa lhe tirar a atenção.

É preciso que haja também disciplina com o cliente. Por isso, seja sempre pontual, faça a entrega do produto na data certa, e quando não conseguir, dê uma satisfação. Não deixe seu cliente esperando, sem notícias.

Seja Protagonista e Não Vítima

"Pessoas que são boas em arranjar desculpas raramente são boas em qualquer outra coisa."

Benjamin Franklin

O professor Roosevelt R. da Costa, da "Nossa Escola", explica que "na etimologia da palavra protagonismo (*proto* = principal, primeiro; *agon* = luta; *agonistes* = lutador), considera-se protagonista um ser que atua diretamente no processo de desenvolvimento pessoal e de transformação da sua realidade assumindo um papel central, ou seja, de ator principal". E diz ainda que "uma habilidade de extrema importância a ser desenvolvida pelo jovem protagonista é a de se comunicar a fim de compartilhar informações e saber ouvir. Para isso, a comunicação deve ser entendida como um processo horizontal, no qual o diálogo é sua principal característica. Em consequência, os diferentes interlocutores poderão emitir e receber mensagens, interpretá-las e reinterpretá-las na construção de um significado."

Por isso, continua explicando que "uma ação protagônica segue, de modo geral, as seguintes etapas:

1. Apresentação (ou identificação) da situação-problema. A situação deve ser apresentada do modo mais realista e desafiante possível.

2. É necessário embasá-la em dados, informações e objetivos. Proposta de alternativas ou vias de solução. Deve-se procurar extrair do grupo o maior número de alternativas ou vias de solução para o problema apresentado.

3. Discussão das alternativas de solução apresentadas. As propostas devem ser discutidas e criticadas livremente. O grupo deve estar consciente de que as ideias e não as pessoas que as apresentam estão em julgamento.

4. Tomada de decisão.

Ainda falando sobre o protagonismo na realidade escolar [cujos conceitos básicos são os que norteiam também qualquer ação de empreendedorismo, especialmente na relação do protagonista com sua equipe de trabalho], destaca também que "na realização de atividades com outros jovens, cabe ao protagonista: envolver-se na identificação da situação-problema e estimular os demais a se posicionarem diante delas; empenhar-se para que o grupo não desanime nem se desvie dos objetivos propostos; favorecer o fortalecimento dos vínculos entre os membros do grupo; motivar o grupo a avaliar permanentemente sua atuação e, quando necessário, replanejá-la; manter o clima de empenho e mobilização do grupo; administrar oscilações de comportamento entre os demais jovens, como conflitos, passividade, indiferença e agressividade. Respeitar a identidade, o dinamismo e a dignidade de cada um dos membros do grupo".

Com isso, percebemos a importância do protagonismo quando alguém se dispõe a ter seu próprio negócio e liderar um empreendimento.

Você já parou para se perguntar quem manda na sua vida? Parece estranho e, muitas vezes, óbvio! Mas não é! Você provavelmente poderá dizer: "quem manda na minha vida, sou eu". Mas será que é isso mesmo?

Vamos imaginar a seguinte situação: Um pai está ensinando a filha de 4 anos a andar de bicicleta. Ele fala para ela ter confiança e começar a pedalar. No início, ele segura a bicicleta, mas, com o tempo, a filha adquire mais habilidade e ele solta a mão, apenas acompanhando-a de perto. Ela então fica mais confiante, e ele a deixa pedalar sozinha. No entanto, ela encontra uma pedra na sua frente e cai da bicicleta. O pai busca logo socorrê-la, e a ajuda a se levantar, dizendo: "a culpa de você ter caído é que não desviou da pedra que estava no seu caminho".

O que a filha aprendeu com isso? Que andar de bicicleta exige atenção. Ela deve evitar pedras e buracos que aparecem no caminho para seguir sempre em segurança. Ela não aprendeu que a culpa é da pedra, como geralmente muitos de nós fazemos ao não reconhecer que, diversas vezes, nós mesmos é que precisamos estar mais atentos às nossas incumbências do dia a dia.

Esse pequeno exemplo ilustra o tipo de atitude de quem não assume a responsabilidade diante de uma dificuldade. O fato aqui narrado lembra também o que ensina a história de Alexandre Magno, que chegando a determinada cidade da antiga Pérsia, deparou-se com uma situação inusitada.

Havia uma gigantesca corda que impedia a passagem do caminho, e ninguém conseguia desatar-lhe o que eles chamavam de "nó górdio". O pessoal precisava tomar outro atalho que fazia demorar mais ainda para atravessar a cidade. Como Alexandre estava de passagem e achou um absurdo aquele empecilho, uma barreira sem motivo, imediatamente se aproximou do "nó górdio", e inteiramente decidido, ergueu sua espada e num só golpe cortou o nó que atravancava o caminho. Todos ficaram admirados com seu gesto aparentemente simples, no qual ninguém havia pensado antes e que trouxe solução ao problema, que é o que interessava a todos. Alexandre não procurou culpados. Ele mesmo tratou de resolver a questão. Por isso, não devemos culpar a pedra que está no meio do caminho. Muitas vezes aparece uma pedra no meio do caminho, como admiravelmente expressou Carlos Drummond de Andrade em um dos seus memoráveis poemas. Se, porém, não podemos removê-la, temos de nos desviar dela, como a menina deveria ter feito, ao andar de bicicleta, para evitar sua queda.

Esses exemplos nos mostram que precisamos decidir entre ser vítimas ou protagonistas do processo que vivemos diante dos desafios que a vida nos oferece. É uma questão de postura e de decisão, do que queremos ser, reféns ou gestores das circunstâncias. A decisão é de cada um. Cada vez mais muitos se tornam especialistas em encontrar culpados para seus insucessos. O fato é que tudo o que dá errado é porque alguém não fez sua parte ou então nos impediu de fazer a nossa. Outras vezes, como uma enorme falta de sorte parece insistir em nos vitimar, até que ocorre algo extremo, e então somos obrigados a sair da zona de conforto e assumir a nossa responsabilidade.

Sabemos que nem sempre podemos prever todas as variáveis, mas diante delas, certamente podemos decidir como agir.

Em minha experiência como executivo de vendas, conheci muitas vítimas. Pessoas que responsabilizavam tudo à sua volta, por seu mau desempenho. Diziam: "a culpa é do mercado, da concorrência, da crise, do fulano e do ciclano, da nossa empresa", e assim por diante. Não conseguiam ver os próprios erros. E com isso, ficavam cada vez mais desmotivadas e com menor desempenho. Muitas vezes perdiam excelentes oportunidades, e até o emprego. Essas pessoas que se portam como "vítimas" não conseguem reconhecer os próprios erros, têm dificuldade em progredir, porque simplesmente não conseguem focar e consertar o que fazem de errado. Lembre-se: os erros que cometemos são para o nosso aprendizado, portanto, se você não os reconhecer e não se dispuser a repará-los, não haverá aprendizado.

É compreensível que o mercado esteja ruim, a crise maior, a empresa não ajude, o fulano lhe atrapalhe etc. Contudo, se você tem um sonho, é sua responsabilidade fazê-lo acontecer. Isso não quer dizer que ninguém poderá ajudá-lo, pois um sonho não se realiza sozinho. No entanto, se seu sonho não acontecer, a responsabilidade é sua. Seja, portanto, responsável pelos seus sonhos.

É claro que há momentos em que não sabemos o que fazer nem que decisão tomar. Todos os grandes líderes e empreendedores passam por isso. O que faz toda a diferença, nesse processo, é como se comportar nessas horas, porque simplesmente jogar a culpa nos outros, e sentir pena de si mesmo, não traz a solução. Veja o caso de Alexandre Magno. Há sempre uma espada ao nosso alcance para cortar o "nó górdio", que para muitos parecia algo insolúvel. E ainda diante dos desafios, não podemos nos acomodar e esperar que alguém resolva tudo por nós.

Ser vítima é como culpar a chuva por molhar o banco do seu carro quando foi você que esqueceu a janela aberta. Vitimizar-se é ainda pensar que a solução está no outro, e a culpa também. É achar que o problema é sempre do outro.

Por isso, ser protagonista é assumir a responsabilidade do projeto de vida que almeja realizar, procurando resolver os obstáculos, sendo parte da situação e dando direção ao empreendimento desejado. É preciso, portanto, saber exatamente o que você quer ser.

✓ Liste três coisas que você precisa começar _____
a fazer em direção ao seu sonho _____
_____

⊘ Agora, ao lado, escreva: por que _____
você não consegue fazê-las? _____
O que o está impedindo? _____

Então reflita e analise: qual a desculpa que você está dando para deixar de realizar seu sonho? (Falta de tempo? Trabalho? Estudo? Filhos? Companheiro? Etc.) E veja o que você pode fazer para superar esse impedimento.

Lembre-se de que: quem está verdadeiramente determinado a realizar algo FAZ ACONTECER; quem não tem tanta convicção justifica com DESCULPAS.

Quantos "Nãos" Você É Capaz de Receber?

"(...) Quando Deus tira algo de você, Ele não o está punindo, mas apenas abrindo suas mãos para receber algo melhor."

Francisco Cândido Xavier

Conheço muitas pessoas que nem buscaram uma vida nova com medo da rejeição. Tinham dificuldade de receber um "não". Se, porém, você quer ser um empreendedor, precisa saber vender. E a principal diferença entre quem vende muito e quem vende pouco é a capacidade de controlar a rejeição. Os melhores vendedores são aqueles que são mais rejeitados. Os que podem receber qualquer "não" e transformá-lo em incentivo para buscar o próximo "sim".

O empreendedor que supera um "não" pode sair fortalecido de uma grande frustração para uma grande alegria.

Conheço a história de um rapaz que sempre quis ser jogador futebol e foi dispensado várias vezes, em "peneiras" dos principais clubes de São Paulo e de outras cidades do Brasil, como Nacional A. C., Portuguesa de Desportos, Atlético Mineiro, Palmeiras, Corinthians e Foz do Iguaçu. No São Paulo Futebol Clube, por exemplo, ele recebeu "não" umas quatro vezes, no total de doze "peneiras". Ele jamais imaginaria em sua infância e adolescência que conseguiria superar todo sofrimento e humilhação e tornar-se o maior jogador recordista em participações com a camisa da Seleção Brasileira de Futebol em Copas do Mundo, e um jogador campeão em todos os clubes pelos quais passara com um currículo exemplar. Isso porque não desistiu dos seus sonhos. O nome dele? Cafu.

Isso mostra que quanto mais "nãos" você receber, mais perto do "sim" poderá estar. A história comprova que os grandes empreendedores ouviram a palavra "não" muitas vezes, mas foram perseverantes e conseguiram o "sim".

Você precisa receber toda rejeição como uma oportunidade. Acredite: seu sucesso está escondido atrás da rejeição. Não há sucesso sem a superação disso. Controle, portanto, seu nível de aceitação da rejeição e você alcançará muito daquilo que pensava não ser capaz de conseguir.

Precisamos compreender que por um mecanismo de defesa natural da nossa essência, preferimos viver experiências já conhecidas a experimentar novas situações sobre as quais não temos controle.

Todas as vezes que afirmamos: "eu não consigo", na verdade, estamos dizendo assim: "eu não quero"; porque sempre quando nós queremos, conseguimos. É uma questão de hábito.

Pense no bem e o bem acontecerá. Evite o pessimismo e não terá depressão. Toda vez que você tiver um pensamento ruim, substitua-o por um pensamento bom. Cultive pensamentos bons, leia livros edificantes, assista a vídeos bons e tenha foco sempre no positivo.

O grande criador da *Turma da Mônica*, Mauricio de Sousa, havia sido aconselhado a deixar o trabalho de desenhista. Ele afirma que aquele "não" recebido o ajudou a publicar a primeira história do Bidu.

Mauricio de Sousa conta que, aos 17 anos, foi procurar um emprego de desenhista em São Paulo. Ele foi apresentar seus desenhos para um grande ilustrador, muito conhecido na época, e recebeu o seguinte conselho: "garoto, faz outra coisa na vida. Desenho não dá futuro nem dinheiro. Desista e seja feliz".

Mauricio de Sousa conta então que, a partir daquele comentário negativo, ficou muito triste. Ele saiu pela redação do jornal sentindo-se derrotado, pois nunca havia recebido um "não" categórico, daquele jeito. Encontrou outro jornalista que, ao se deparar com aquela imagem de um garoto chateado, o indagou sobre o que havia ocorrido. Mauricio de Sousa contou-lhe o fato e recebeu dele algumas indicações e estratégias do que poderia fazer para superar aquela situação e ser bem-sucedido no que queria. E o jornalista então sugeriu-lhe fazer uma apresentação do seu material, aconselhando-o a entrar no jornal e trabalhar em qualquer outra coisa enquanto fosse aperfeiçoando seus desenhos. Com o tempo, mais conhecimento e relacionamento no jornal, ele poderia apresentar novamente seu trabalho para seus diretores. E foi assim que aconteceu. Depois de cinco anos de trabalho, ele apresentou a historinha do Bidu, que foi aceita por eles. Mauricio de Sousa então pediu demissão de sua função naquele momento e se tornou, enfim, um desenhista do jornal.

Crie um Hábito em Você

"Se você desenvolve os hábitos do sucesso, você fará do sucesso um hábito."

Michael E. Angier

Nosso dia a dia está cheio de hábitos, do momento em que acordamos até quando vamos dormir.

Criar um novo hábito como fazer academia, aprender a tocar algum instrumento, estudar outro idioma, ter uma alimentação saudável etc., é, muitas vezes, uma tarefa complicada, pois temos de encaixar o novo hábito em nossa rotina. E, para isso, são necessárias muita motivação e disciplina.

Uma pesquisa da Universidade Duke, dos Estados Unidos, mostra que cerca de 40% da nossa rotina é feita de hábitos,[1] pois é um cotidiano automático, que consome mais de nove horas por dia. Por isso, ter um hábito das atividades como empreendedor é fundamental para um crescimento sustentável, como um dos fatores que levará certamente ao sucesso nos negócios.

No momento em que as atividades de negócios com seus clientes se tornarem um hábito, você estará caminhando para o sucesso, mas a pergunta é: como criar um hábito novo?

Para iniciar, você pode aproveitar o hábito que já existe para inserir um novo. Por exemplo, se você tem o hábito de tomar banho quando acorda, use esse tempo durante o banho para estruturar seu planejamento diário. Com isso, você aproveita a energia que já gasta normalmente. Ao fazer pequenas e sustentáveis mudanças de hábito, você pode continuar fazendo e incluindo outras novas, com mais chances de sucesso.

Ter foco no que você deseja também é fundamental para criar um hábito. Pesquisa da Universidade da Califórnia, em Los Angeles, nos Estados Unidos, concluiu que pessoas que incluem passos e objetivos específicos em suas idealizações (como se imaginar conquistando espaço em sua profissão) têm mais chances de permanecer firmes do que aquelas que criam idealizações mais "genéricas", como se imaginar rico, muitas vezes fora da realidade.

Todo hábito novo tem sua fragilidade, por isso é muito importante tirar as tentações de desviá-lo do caminho, isto é, temos de facilitar as coisas para sedimentar o novo hábito. Não acredite que praticar apenas duas ou três vezes por semana ajudará a formar um novo hábito. É preciso ter uma consistência diária dessa nova atitude.

Ao pensar no sucesso, as pessoas conseguem manter o foco. E assim, concentradas nos passos necessários, diminuem a ansiedade.

Embora existam vários modos e diversas teorias sobre como criar um hábito, vou lhe apresentar um bem simples que aprendi. Essa indicação é para você colocar algo novo em sua vida nos próximos 21 dias, pois é mais ou menos o tempo de que precisamos para abandonar ou assimilar um hábito. Experimente!

Você vai descobrir que em vez de esses 21 dias voarem e serem esquecidos, você se lembrará muito deles. Acredite, pois com a substituição de um hábito ruim por um saudável você vai propor a si mesmo mais desafios. E, com isso, sua autoconfiança crescerá.

Antes de começar, você precisa saber de algumas coisas. Ao decidir por um novo hábito, atrele-o aos seus objetivos de vida, àquilo que o motiva e para o qual é seu propósito. Estruture seu ambiente externo durante os primeiros 21 dias. E não espere sucesso imediato. A construção de um novo hábito deve estar alicerçada em bases firmes de convicção.

Escreva agora:

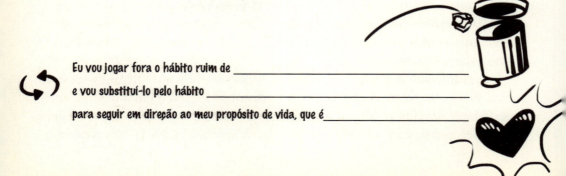

Primeira semana – Serão os sete piores dias, porque, durante esse período inicial, será preciso ter muita disciplina e dedicação, mais do que nos outros dias. Essa é a fase da autossabotagem, por isso é muito comum surgirem pensamentos como: "eu não sirvo para esse negócio"; "eu não tenho jeito para ser empreendedor"; ou ainda: "eu não tenho disciplina suficiente" etc. Provavelmente você ficará cansado de lutar contra o próprio cérebro, mesmo sabendo que o mecanismo de desistência é apenas para economizar energia.

Nesse momento, é essencial que você resista especialmente na primeira semana, suportando todo o incômodo de se livrar de um velho hábito ruim e experimentar o novo. Para isso, busque criar obstáculo para o hábito ruim e facilidade para a nova atitude.

Segunda semana – Seu principal desafio nesta etapa é ficar vigilante e praticar o autocontrole. Durante a segunda semana, praticar seu novo hábito será mais tranquilo. A dedicação em exercitá-lo todos os dias deve continuar, pois a atividade ainda não foi registrada no seu cérebro como um hábito. Você perceberá que a cada dia que passar o desconforto será um pouco menor.

Seja firme. Lembre-se de que sua rotina antiga inspira conforto e é fácil querer voltar para ela. É preciso, portanto, a fortaleza interior para vencer a tentação de retomar o hábito antigo.

Terceira semana – Essa etapa é a mais importante de todas, pois vai consolidar seu novo hábito. Depois de vencer catorze dias, bastam apenas mais sete dias de dedicação para melhorar a prática do novo hábito em sua mente. Embora o trabalho seja mais prazeroso que nas etapas anteriores, é muito importante não negligenciar ainda essa fase.

O especialista em Psicologia Comportamental Miguel Lucas explica que "a forma como nos programamos, como reescrevemos novos dados, como apagamos outros, como atualizamos a informação, como redesenhamos formas antigas de lidar com as situações, como nos projetamos no futuro, como simulamos ações e atitudes permite-nos perceber que essa capacidade extraordinária vive em nós. Acompanha-nos para todo o lado. Contudo, é preciso fazermos um tremendo exercício de desapego de nós mesmos, daquilo que nos constitui como indivíduos para que consigamos olhar para as nossas partes constituintes, tomar consciência delas e utilizá-las como ferramentas úteis. Essa tecnologia de ponta necessita apenas da nossa consciência, do conhecimento de como utilizá-las e depois uma voz de comando, um processo executivo que aciona, atualiza e informa essas ferramentas mentais com novos dados. Você mesmo!". Por isso, diz que: "para mudar um mau hábito, um passo precisa acontecer. Você tem de ganhar consciência que tem esse mau hábito e depois pretender mudá-lo ou eliminá-lo. Mas, muitas das vezes e para a grande maioria de nós, esses maus hábitos são resistentes, têm vida própria, e, apesar de muitos esforços nossos, somos vencidos pela sua tremenda força, vivenciando o fracasso. Isso pode tornar-se muito angustiante e terrível na nossa vida. Talvez, você também se debata com esse cenário, ou já tenha no passado tentado ultrapassar o tormento de substituir ou eliminar um mau hábito". E acrescenta que "os maus hábitos, como pensar recorrentemente de forma negativa, fumar em excesso, manter mentalidade de vítima, comer em excesso, criticar-se negativamente, consumir excessivamente álcool, ter comportamentos desajustados, sedentarismo, excesso de preocupação, entre outros, podem impedir-nos de viver uma vida melhor".[2]

Toda mudança de hábito deve começar em nosso pensamento. Por isso, sempre que você não tiver o hábito de fazer alguma coisa, terá resistência em agir, pois a ausência do hábito saudável causa certo estado desagradável e, para mudá-lo, é preciso repetir e repetir, muitas vezes, até criar o novo condicionamento desejado, pois os hábitos são nossa segunda natureza, e as necessidades dos nossos comportamentos.

Assuma, portanto, um compromisso consigo mesmo com o propósito de exercitar os novos hábitos após os 21 dias. Não importa o que aconteça. Você quer sua liberdade e sua independência financeira. Não desanime de jeito nenhum. E siga em frente.

O que está esperando? Garanto que os próximos 21 dias vão passar, querendo ou não. Por isso, por que não agir em algo que você sempre quis fazer e, assim, dar uma chance para sua nova vida? Vamos lá? A hora é agora.

Crie um Hábito em Seu Cliente

"Somos o que repetidamente fazemos. A excelência, portanto, não é um efeito, mas um hábito."

ARISTÓTELES

Você sabia que 80% dos usuários de smartphones checam seus celulares nos primeiros quinze minutos depois de acordar? Nesse mercado, os produtos que vendem mais são aqueles que causam maior dependência.

Os especialistas dizem que é preciso haver dor para que um produto ofereça uma solução. Geralmente são as necessidades de aliviar a dor que fazem as pessoas procurarem certos produtos.

Quando você está entediado, entra no YouTube; se sente-se sozinho, abre o Facebook; se tem alguma dúvida, pesquisa no Google. Essas empresas criaram hábitos no consumidor, certa dependência.

Por isso, você precisa despertar e criar um hábito no seu cliente, para que ele perceba que você pode ajudá-lo a resolver um problema.

Se você é um consultor de cosméticos, então não venda o produto, mas a solução que o cosmético está oferecendo. Por isso, a importância de fazer uma venda consultiva, ou seja, ouvir primeiro o problema do seu cliente, e só depois apresentar uma solução. Se você não ouvir, não saberá qual o problema do seu cliente e, se não souber qual é o problema dele, poderá oferecer a solução errada. Se ele precisa de um produto e você está oferecendo outro, então, a venda não acontecerá.

Segundo Alexandre Malaquias, gerente-geral da Divisão Comercial da empresa Segmento Digital, "o marketing de relações é essencial ao desenvolvimento de liderança, fidelidade do consumidor e rápida aceitação de novos produtos e serviços no mercado. A criação de relações sólidas e duradouras é uma tarefa árdua, de difícil manutenção. Mas, acredita-se que, em um mundo onde o cliente tem tantas opções, mesmo em segmentos limitados, uma relação pessoal é a única forma de manter a fidelidade do cliente". Esse é, portanto, um dos maiores desafios, nesse sentido. "Disso decorre a percepção, pelas empresas, da importância da retenção de seus clientes ativos, diante da concorrência cada vez mais acirrada, o que transforma em desafio a responsabilidade de reter o cliente ativo." E prossegue, afirmando que: "a fidelização de clientes tem sido tratada como prioridade pelas empresas, já que a crise e as mudanças de paradigma vêm impondo reduções nos investimentos em marketing e, como consequência, em campanhas de venda para aquisição de novos clientes. Além disso, a retenção de clientes já conquistados propicia melhor resultado financeiro e a garantia de lucros crescentes. A conquista de novos clientes está cada vez mais difícil. O marketing de relacionamento constitui-se assim em uma alternativa de marketing de massa, que orienta a empresa a tratar seus clientes individualmente e desenvolver com eles um relacionamento duradouro".[3]

Temos os cinco estágios que caracterizam a fidelização do cliente e que caberia também mencionar, conforme o estudo de Alexandre Malaquias, já citado:

Um relacionamento eficaz com o cliente é requisito para sua fidelização. Esta fidelização é classificada em cinco estágios no que diz respeito a uma escala de lealdade, estágios estes que incentivam o cliente a atingir o estágio seguinte até que comece a divulgar a empresa.

Os cinco estágios, bem como suas características, são:

Cliente potencial – É aquele que pode conhecer seu negócio, mas nunca comprou nada de você. É necessário saber como atrair esse cliente a efetivar uma compra. Não quer dizer que o cliente está sempre em busca de variedade de produtos e preço. Ele deve ser cativado de maneira inteligente.

Cliente pesquisado – É aquele que vai testar seu estabelecimento. A primeira impressão será decisiva para sua elevação ao estágio de cliente eventual. É necessário convencê-lo de que o valor agregado de seus produtos é mais relevante que o preço. Por meio de pesquisa realizada, constatou-se que a maioria dos clientes buscam confiança, não preço. O importante é saber como conquistar essa confiança desde o primeiro momento e torná-lo um divulgador de seu negócio.

Cliente eventual – É aquele que compra de você por algum motivo – bons sentimentos, boa sensação, solução de problemas. No entanto, se um cliente compra simplesmente porque encontrou um bom preço, se a relação com esse cliente não foi valorizada, você poderá perdê-lo amanhã para um concorrente que apresente preço menor. É necessário saber do que o cliente precisa e, para isso, é preciso ouvi-lo. Satisfazendo às necessidades dele, você não só efetua uma venda, mas também conquista um cliente, que poderá tornar-se assíduo.

Cliente assíduo – O cliente torna-se assíduo quando ele se sente importante. Para tal, é necessária uma dedicação ao cliente e saber surpreendê-lo. Dessa forma, esses clientes devem ser recompensados e tratados de maneira especial, e de forma diferente.

Cliente divulgador – É aquele cliente satisfeito que recomenda seu produto ou serviço a outras pessoas, sendo capaz de testemunhar sobre o tratamento recebido. Contudo, ao atingir esse nível, o cliente divulgador não deve ser esquecido. Mais do que nunca, deve ser bem tratado e recompensado, criando-se talvez programas de fidelidade e relacionamento constantes para que todo o trabalho não seja perdido.

Com isso, vamos percebendo claramente a importância da fidelização do cliente. Depois que você criou o hábito em seu cliente, as próximas vendas para ele serão muito mais fáceis.

Contudo, fique atento. Perceba as fases de mudança na vida dos seus clientes, pois eles ficam mais suscetíveis a mudar os hábitos, quando estão passando por alguma transição na vida. Por exemplo, com o nascimento de um filho, ou o ingresso na faculdade, ou o casamento etc., suas rotinas e seus hábitos variam, e, com isso, muitas vezes, mudam também os produtos que eles querem consumir.

Dicas Para o Dia a Dia

"Concentre-se nos pontos FORTES, reconheça as FRAQUEZAS, agarre as OPORTUNIDADES e proteja-se contra as AMEAÇAS."

Sun Tzu

Você tem vários recursos para ser bem-sucedido que lhe dão capacidade para mudar de atitude e conquistar seus objetivos. E, para ajudá-lo ainda mais, apresentarei agora algumas sugestões para seu dia a dia, com base na nossa experiência com esse trabalho. São atitudes e comportamentos de pessoas bem-sucedidas nas vendas por relacionamento. Dicas rápidas para você fazer agora:

1. Não basta somente entregar o produto ao seu cliente. É preciso ter uma prestação de serviço, um pós-venda. Ofereça, portanto, o melhor apoio ao seu cliente. Com isso, você evitará que ele busque outro atendimento.

> **Responda: Qual valor você está agregando no seu atendimento?**
> _____
> _____
> _____

2. Faça contato com seu cliente após a venda para saber se ele está gostando do produto ou serviço.

> **Responda: Que dia da semana e em qual hora que você vai fazer o pós-venda com seu cliente?**
> _____
> _____
> _____

3. Mantenha um estoque mínimo para atender aos clientes de pronto atendimento. De preferência, faça estoque dos produtos que seus clientes já utilizam com frequência.

> **Responda: Qual produto você vai escolher para iniciar o estoque?**
> _____
> _____
> _____

4. Faça um controle financeiro das suas vendas. E, se possível, ofereça condições flexíveis de pagamento como, por exemplo, opção de cartão de crédito.

> **Responda: Quais opções de pagamento você vai oferecer ao seu cliente?**
> _____
> _____
> _____

5. Planeje sua atividade diária, priorizando as funções de acordo com sua importância para o negócio.

> **Responda: Sua agenda para a próxima semana já está pronta?**
>
> _____
>
> _____
>
> _____

6. Mantenha atualizados os dados dos seus clientes, suas informações cadastrais e as dos produtos comprados, assim, antes de a mercadoria acabar, você poderá oferecer a reposição.

> **Responda: Quando você vai atualizar ou acrescentar as informações dos seus clientes?**
>
> _____
>
> _____
>
> _____

7. Aproxime-se de seus clientes, parabenize-os em datas significativas, como aniversário, dia das mães, dia dos pais etc. Quanto mais você demorar a procurar seu cliente, maior será a dificuldade da venda. Lembre-se de que: quem não aparece não é lembrado.

> **Responda: Que dia da semana você vai reservar para falar com seus clientes?**
>
> _____
>
> _____
>
> _____

8. Descubra quais produtos seus clientes utilizam, mas não compram com você. Feito isso, prepare uma abordagem apropriada para mostrar os benefícios dos produtos que você representa.

> **Responda:** Quando você vai perguntar ao seu cliente sobre os produtos de que ele gosta?
> _____
> _____
> _____

9. Utilize o meio de comunicação mais adequado ao perfil de cada cliente. E comunique-se de forma clara e objetiva. Em seguida, faça perguntas para verificar o entendimento.

> **Responda:** Como você vai planejar a comunicação personalizada com cada cliente?
> _____
> _____
> _____

10. Ligar, mandar e-mail, WhatsApp, mensagem no Facebook é legal, mas dê preferência para a visita, principalmente na hora de explicar algo sobre um produto.

> **Responda:** Quais clientes você vai visitar para demonstrar um produto que necessita de explicação?
> _____
> _____
> _____

11. Sempre que possível, proporcione a experimentação dos produtos, bem como amostras e demonstrações.

> **Responda: Quais produtos você vai separar para demonstrar aos seus clientes?**
> _____
> _____
> _____

12. Sempre avise seu cliente sobre ofertas e promoções.

> **Responda: Como você vai se organizar para avisar seu cliente das promoções?**
> _____
> _____
> _____

13. Solicite indicação de novos clientes. Se seu cliente está fidelizado com você, ele terá prazer de indicá-lo a um amigo.

> **Responda: Quando você vai ligar para seus atuais clientes e pedir-lhes uma indicação de futuros clientes?**
> _____
> _____
> _____

14. Aproveite as reuniões e os treinamentos para estreitar relacionamentos com outros empreendedores.

> **Responda:** Qual empreendedor você admira e quando vai convidá-lo para tomar um café?
> _____
> _____
> _____

Se você tem equipe:

15. Acompanhe de perto a sua equipe, principalmente as pessoas que são iniciantes no negócio, ajudando-as a exercer melhor a sua atividade.

> **Responda:** Quando você fará o plano de desenvolvimento da sua equipe?
> _____
> _____
> _____

16. Incentive sua equipe. Ligue, visite, envie uma mensagem, entregue um mimo e reconheça a evolução de cada um. Cumprimente-os pelos bons resultados.

> **Responda:** Como você vai planejar a comunicação personalizada com cada um da sua equipe?
> _____
> _____
> _____

17. Identifique no seu grupo de clientes diretos pessoas que possam fazer parte da sua equipe.

> **Responda:** Quais clientes você acredita que têm potencial para fazer parte da sua rede? Quando você vai falar com eles?
>
> _____
> _____
> _____

18. Participe ativamente de ações, reuniões, eventos e treinamentos da empresa que representa.

> **Responda:** Você já anotou na sua agenda as datas de reuniões, eventos e treinamentos da sua empresa?
>
> _____
> _____
> _____

19. Tenha atenção aos detalhes. Uma embalagem bonita, acompanhada de uma mensagem, pode valorizar sua venda. Lembre-se de que: "*o como*", muitas vezes, é mais importante que "*o quê*".

> **Responda:** Quando você vai preparar as mensagens personalizadas para enviar com os produtos que vendeu?
>
> _____
> _____
> _____

20. Faça follow-up com seu cliente, ou seja, dê retorno de uma dúvida ou solicitação. Termine o que iniciou.

> **Responda: Você tem alguma pendência de retorno com algum cliente?**
> _____
> _____
> _____

21. Surpreenda seu cliente com o momento mágico. Faça para ele algo de surpreendente, que ele não espera.

> **Responda: Como você vai surpreender seu cliente?**
> _____
> _____
> _____

22. Comemore as vitórias e celebre as conquistas. Quando comemora sua vitória, você cria um ciclo virtuoso e a história se repete.

> **Responda: Com quem e quando você vai comemorar suas conquistas mensais?**
> _____
> _____
> _____

Controle Suas Finanças

*"Se você pretende ser rico, pense em economizar
tanto quanto em ganhar."*
Benjamin Franklin

Para aprender a ter uma relação saudável com suas finanças, você precisa entender que estabilidade financeira não está associada a quanto você ganha, mas à forma como você administra o que você ganha.

Não quero dizer que você precisa apenas guardar dinheiro, mas é necessário ter um planejamento financeiro. Você não pode simplesmente receber o dinheiro que ganha e não saber para que se destina. Dinheiro na mão sem planejamento pode gerar um grande problema.

Para a jornalista com especialização na Universidade Estadual de Nova York, Paula Aftimus, "não adianta pesquisar, analisar e organizar os próprios gastos se não houver disciplina para continuar alimentando seu controle mensal, seja com caderno, planilha, seja com aplicativo. Só com regularidade, dia após dia, e detalhamento, anotando cada gasto simples, será possível entender os gastos pessoais e, a partir daí, diagnosticar quais têm sido os erros e corrigi-los". Por isso, para ser "financeiramente inteligente", é preciso "reconhecer e diferenciar os tipos de gastos pessoais – e usar essa informação em favor do seu dinheiro. Agora que já está familiarizado com suas finanças e tem a real dimensão de para onde vai seu salário, identifique o que é gasto essencial (moradia, contas básicas) e o que é dispensável ou passível de ser reduzido (academia, cafezinhos, compras supérfluas). Identificar esses gastos não significa necessariamente abrir mão deles. Contudo, caso precise de dinheiro para algum imprevisto ou decida investir em algum sonho, ficará mais fácil saber onde economizar". E ainda: se "você já organiza muito bem seus gastos pessoais e sabe direitinho seus custos essenciais e dispensáveis", precisa então que "a partir dessa compreensão, os passos sejam dados com mais inteligência e organização. Por exemplo, ao fazer uma compra, reflita: quanto da minha renda mensal representa esse valor? Talvez perceba que o gasto é alto demais, no final das contas".[4]

Ter um planejamento financeiro é saber investir com inteligência seu dinheiro. Contudo, não confunda investir com poupar. Por exemplo, se depositar seu dinheiro numa caderneta de poupança, terá a ilusão de que seu dinheiro está crescendo, mas na verdade, ele está apenas sendo corrigido monetariamente pela inflação. Saber investir é comparar a melhor alternativa de ganho, e avaliar que tipo de risco você está disposto a correr. É importante saber disso, porque num processo de construção de riqueza, você não pode ter medo de ousar.

Primeiro, você precisa calcular quanto precisa ganhar para suprir suas necessidades básicas, e investir no seu empreendimento. A ordem das suas escolhas é muito importante, ou seja, primeiro destine seu dinheiro para as despesas fixas, depois para os investimentos e, por último, para os gastos com luxo. Preste muita atenção nesta ordem.

O mais importante em um negócio é o fluxo de caixa. Uma gestão financeira de excelência é um fator essencial para o sucesso do seu negócio. Fundamental também é saber gastar, mas sempre menos do que você ganha, porque só assim você não terá problemas com seu fluxo de caixa.

Mas como fazer isso? Primeiramente, comece escrevendo todas as suas movimentações financeiras por dia, isto é, anote quanto você tem a receber, quanto vai pagar para a empresa que você representa, e quanto vai sobrar de lucro.

Feito isso, sugiro que separe um pouco do seu lucro, para investir no desenvolvimento do seu negócio, como comprando produtos para estoque de pronta entrega.

Um grande problema de descontrole de fluxo de caixa é o atraso no pagamento do cliente. Você precisa saber cobrar seu cliente, não ter vergonha disso, e se necessário, entrar num acordo com ele, quanto às formas de pagamento.

Busque a Excelência

"Em caráter, em comportamento e em todas as coisas, a suprema excelência está na simplicidade."
Henry Wadsworth Longfellow

É comum ouvirmos, diante de alguma crise séria, principalmente entre jovens, que o que está faltando é o chamado "sentido da vida". Isso pode estar relacionado também com alguma frustração, o que tem a ver quando não damos o melhor de nós naquilo que fazemos e não conseguimos alcançar um nível satisfatório de realização. Então falta mesmo o sentido de vida, aquele "algo mais" que deve justificar o que fazemos. Um emprego pode garantir uma boa renda, alguma estabilidade etc., mas muitos passam anos e anos numa empresa, aposentam-se e depois não sabem o que fazer da vida. Faltou esse "sentido". É por isso que, especialmente para quem se propõe a fazer um empreendimento que dependa do seu esforço e da sua criatividade (ou mesmo numa empresa) é muito importante que a dedicação, o empenho e tudo mais estejam direcionados a esse "sentido de vida", que qualifica nossas ações. E é esse "sentido" que contribui para buscar a excelência naquilo que fazemos, e a busca dessa excelência é justamente para dar sentido e gratificação em nossas realizações.

No entanto, não é uma tarefa fácil, porque a excelência exige de nós o esforço de aprimoramento de nossas capacidades e qualidades. E, para isso, especialmente na área de vendas por relacionamento, é necessário investimento na qualificação, para chegar aos melhores resultados. A excelência não se obtém do dia para a noite, mas é o corolário de todo um processo que começa com passos firmes e seguros, capacidade de avaliação e correção de erros, e prosseguimento, procurando manter sempre o entusiasmo inicial, para sustentar o sonho à medida que os passos certos vão permitindo sua concretização.

O especialista Flavio Martins da Costa lembra que "seja nos períodos de crise, seja nos de abundância de oferta de trabalho, somente conquistam oportunidades no mercado os profissionais que atendam ou mesmo superem às suas crescentes exigências e que, além disto, se destaquem entre os demais. No aspecto da formação profissional, com o aumento das ofertas de cursos e outras formas de desenvolvimento, a seleção do mercado tem sido maior". E observa ainda que: "para cargos que tinham como requisito de escolaridade apenas o Ensino Fundamental, agora é exigido o Ensino Médio. Para outros, enquanto antes se exigia a conclusão de curso superior, hoje é comum exigir-se especialização, MBA e muitos cursos complementares. Experiências e habilidades antes não solicitadas são atualmente condições indispensáveis. Os profissionais de visão, preocupados e sabendo da necessidade de evoluírem continuamente passaram a buscar a EXCELÊNCIA PROFISSIONAL, que não significa apenas serem muito bons nas suas atividades de profissão, mas estar entre os melhores, até mesmo superar as expectativas das empresas e alcançar a posição de melhor dos melhores".[5]

A exigência do mercado por profissionais qualificados não significa necessariamente que você tenha de se sentir acima de tudo e de todos, e que não precise das pessoas, achando-se autossuficiente. Não é isso. Pelo contrário. A excelência deve fazer de você uma pessoa aberta, flexível, que saiba ouvir os demais e conviver com as pessoas, com quem pensa diferente de você, e busque uma soma de contatos que enriqueçam cada vez mais seu esforço de aprimoramento pessoal e profissional. A excelência busca, portanto, que você trabalhe melhor e faça bem o que se propõe a realizar, para que haja credibilidade, apoio, sustentação e propagação do que você faz.

Para isso, faremos aqui algumas indicações básicas, para que você consiga fazer os investimentos adequados que garantam o sucesso merecido.

Tenha uma boa comunicação – Você precisa se comunicar para vender. Entenda que a comunicação é uma das ferramentas mais importantes da venda por relacionamento. Ela não está somente entre você e seu cliente, mas especialmente entre você e a empresa que representa, seus concorrentes, seus líderes e liderados. Há histórias de pessoas que quando começaram um negócio de venda por relacionamento eram muito tímidas e introspectivas e nem conseguiam falar direito. Depois de certo tempo, a pessoa foi se desenvolvendo e se tornou uma ótima palestrante, com uma mensagem excelente. A comunicação desempenha um papel importante nessa desenvoltura, imprescindível para o sucesso de todo empreendimento.

Tenha um forte e bom network – Seu círculo de negócios será universo de relacionamentos que você tem com as pessoas. As vendas acontecem para conhecidos, amigos, contatos da escola do seu filho, parentes, vizinhos, colegas da religião, ou seja, todos aqueles com quem você tem algum relacionamento. Por isso, mantenha sempre esse contato ativo e fortaleça sua rede. Você sabe que a sociedade está vivendo cada vez mais em rede, e a interação social do mundo pós-moderno mudou muito nos últimos dez anos de tal forma, que hoje permite entendermos como podemos viver em rede e também da rede. Por isso, é muito importante se preparar para um mundo cada vez mais conectado, que está mudando constantemente a forma de interação com as pessoas, e, dessa maneira, a comercialização e a oferta de produtos e serviços. É preciso, portanto, ficar atento a isso.

Invista em seu negócio – Conheço muitas pessoas que começaram a ganhar dinheiro e gastaram sem controle, e ficaram mais distantes da estabilidade e do sucesso no longo prazo. Lembre-se de que você será dono do seu negócio e, nesse caso, quem decide investir nele é você mesmo. Preocupe-se então em separar parte do lucro para reinvestir na sua própria "empresa".

Há ainda outra coisa nesse processo: você precisa ter um estoque mínimo de produtos. Seja o que for que você representa, seu concorrente não é somente outro vendedor autônomo, mas, principalmente seu concorrente é o varejo, ou seja, a loja, o supermercado, a farmácia e tudo mais que esteja perto de você. Seu cliente, às vezes, quer ter o produto rapidamente. E, se você não tiver pronta entrega, ele provavelmente vai comprar na loja mais próxima. Minha sugestão, portanto, é ter produtos em estoque, de acordo com o perfil dos seus clientes, pois geralmente o portfólio de produtos das empresas é muito grande para você ter, em mãos, todos os produtos em pronta entrega.

Busque o Impossível

"Se não buscarmos o impossível, acabamos por não realizar o possível."

Leonardo Boff

Grandes personalidades, homens e mulheres, em diversas áreas da sociedade, destacaram-se em suas atividades e obtiveram êxitos surpreendentes em condições iniciais que sugeriam ser impossível chegar aonde chegaram, em termos de ganho financeiro, realização de vida, pessoal e profissional, no campo das artes, da ciência, na política etc. Isso porque acreditaram no impossível, e se não chegaram a 100% do que queriam, por terem acreditado e perseverado, aprendido com os erros, corrigindo-se e avançando, certamente conseguiram muito mais do que imaginavam.

Charles Chaplin é um desses exemplos. O menino pobre, que teve uma infância muito difícil nas ruas de Londres, com seu irmão Sidney, passou inúmeras privações, muitas das situações que ele soube depois retratar com humor, fazendo delas tema de muitos de seus melhores filmes cômicos. Contudo, houve um momento em que Chaplin teve a grande oportunidade da sua vida, justamente quando ele trabalhava num teatro de Londres, e um diretor norte-americano estava em busca de um ator. O jovem Chaplin teve a oportunidade de se apresentar a Mack Sennett, da Keystone Studios, ocasião em que naturalmente mostrou tamanha desenvoltura cênica que Sennet apostou nele e o convidou a ir para os Estados Unidos. Chaplin não deixou escapar aquela oportunidade e se tornou depois um dos maiores atores cômicos e diretores do cinema mundial, com clássicos como *Luzes da Cidade, Tempos Modernos, O*

Grande Ditador e outros. É dele a máxima: "Que os vossos esforços desafiem as impossibilidades, lembrai-vos de que as grandes coisas do homem foram conquistadas do que parecia impossível".

Li uma história muito interessante, de autoria do educador James Aggrey, contada no livro *A águia e a galinha* (Vozes, 1997), de Leonardo Boff.

Conta Aggrey:

Era uma vez um jovem que vivia com os pais, que eram camponeses. Certo dia saiu para a floresta para apanhar um pássaro e criá-lo em cativeiro. Durante a caminhada, encontrou um filhote de águia que havia caído do ninho. Pegou o filhote e levou-o para casa. Criou-o no galinheiro, junto às galinhas. Ele comia o que as galinhas comiam, embora fosse a rainha das aves. (...)
Cinco anos depois, ele recebeu a visita de um amigo que era naturalista. (...) Durante um passeio, o amigo viu a águia no galinheiro e disse:
— Essa ave aí não é uma galinha. É uma águia.
— De fato, é uma águia, mas eu a criei como uma galinha. Ela não é mais uma águia. Transformou-se em galinha como as outras, apesar das asas com três metros de extensão.
— Não, retrucou o naturalista, ela é e sempre será uma águia. Seu coração de águia a fará, um dia, voar às alturas.
— Não... não, insistiu o camponês. Ela virou galinha e jamais voará como águia.
Então decidiram fazer uma prova.
O naturalista tomou a águia, ergueu-a bem alto e, desafiando-a, disse:
— Já que você, de fato, é uma águia, já que você pertence ao céu e não à terra... então, abra suas asas e voe!
A águia pousada sobre o braço estendido do naturalista, olhava distraidamente ao redor. Viu as galinhas embaixo ciscando os grãos e pulou para junto delas.
O camponês comentou:
— Eu lhe disse, ela virou uma simples galinha.
— Não, tornou a insistir o naturalista. Ela é uma águia. Vamos experimentar novamente amanhã.
No dia seguinte, o naturalista subiu com a águia no telhado da casa e sussurrou-lhe:

— Águia, já que você é uma águia, abra suas asas e voe.
Mas quando a águia viu, lá embaixo, as galinhas ciscando no chão, pulou indo para junto delas.
O camponês sorriu e voltou à carga:
— Eu lhe havia dito, ela virou galinha!
— Não, respondeu, firmemente, o naturalista. Ela é águia e possuirá sempre um coração de águia. Vamos experimentar uma última vez. Amanhã a farei voar.
No dia seguinte, o camponês e o naturalista levantaram bem cedo, pegaram a águia e a levaram para longe das casas, no alto de uma montanha, onde o sol nascente brilhava.
O naturalista ergueu a águia e ordenou-lhe:
— Águia, já que você é uma águia, já que você pertence ao céu e não à terra, abra suas asas e voe!
A águia olhou ao redor. Ela tremia como se experimentasse uma nova vida, mas não voou.
Então, o naturalista segurou-a firmemente, bem na direção do sol, para que seus olhos pudessem se encher de claridade e da vastidão do horizonte.
Nesse momento, ela abriu suas potentes asas, grasnou com o típico kan kan das águias, e erguendo-se, soberana, sobre si mesma, começou a voar para o alto... Voar cada vez mais para o alto.
Voou... Voou... Até confundir-se com o azul do infinito.
E James Aggrey terminou dizendo: "Há pessoas que nos fazem pensar como galinhas. E muitos de nós, ainda acham que somos verdadeiramente galinhas. Nós somos águias. Então, que possamos abrir as nossas asas e voar como as águias".

Essa história é muito interessante, e nos faz refletir sobre as nossas realizações e o sentimento de autoestima inferior, que muitas vezes nos impede de ir atrás dos nossos sonhos.

Assim como James Aggrey, acredito que cada um de nós, tem dentro de si uma águia adormecida, que poderá acordar e alcançar voos mais altos e até inimagináveis.

Esta e tantas outras histórias nos mostram que temos de ir em busca daquilo que somos, porque somente em fidelidade à nossa própria identidade como pessoa é que conseguimos alçar os mais altos voos. Vejam a história, por exemplo, do patinho feio que era um cisne, mas não sabia, porque havia sido criado com outros patos. Quando pequeno não era tão bonito quanto os demais e sofreu muito com isso, mas, com o tempo, suas asas foram crescendo e tomando uma dimensão maior que a dos patos com quem ele convivia, e então, quando ele encontrou outros cisnes, descobriu quem era realmente, conseguiu superar as humilhações sofridas e ficou feliz com sua descoberta.

Ao analisar o conto do patinho feio, a analista junguiana Hellen Reis Mourão explica que a estória "mostra que nada se pode fazer sem um esforço, e que não se pode progredir sem passar pela noite escura da alma e sem encarar seus medos. Só assim é possível encontrar nosso valor interno e renascer".[6]

Essa é a lição daquele que ao decidir empreender sabe que terá de vivenciar uma experiência de superação, para ser mais livre, mais criativo, mais dono do seu tempo e da sua atividade, porque assumiu o que é na verdade, e, com isso, encontra forças para prosperar.

Nesse Negócio, sem Relacionamento, Não Tem Negócio

"Considere-se responsável por um padrão superior
ao que todos os outros esperam de você."
Henry Ward Beecher

Você provavelmente já deve ter ouvido dizer que "o mundo muda quando você muda", isso porque quando mudamos enxergamos o mundo de modo diferente. No entanto, é preciso mudar primeiro dentro e não fora como a maioria faz.

Se você quer que seus resultados mudem, que sua vida se transforme, você precisa primeiramente mudar a si mesmo, seu modo de falar, de aceitar, de combater as coisas da vida. Os resultados que conseguimos não são decorrência daquilo que queremos somente, mas de tudo aquilo com o que nos comprometemos seriamente. Então, comprometa-se com uma vida melhor. Ninguém pode fazer você mudar a não ser você mesmo.

E o relacionamento que temos com outras pessoas passa por isso. Muitas vezes queremos mudar os outros e na verdade quem tem de mudar somos nós.

Quero apresentar a você o **exercício dos potinhos de valores**.

Este exercício vai apoiá-lo na construção de valores em seus relacionamentos.

Você compreenderá que este processo vai ajudá-lo a identificar os valores que se tornarão virtudes em sua vida, e vai auxiliá-lo a vencer seus hábitos ruins que estão sedimentados por muito tempo.

Abaixo alguns valores que estão representados por potinhos.

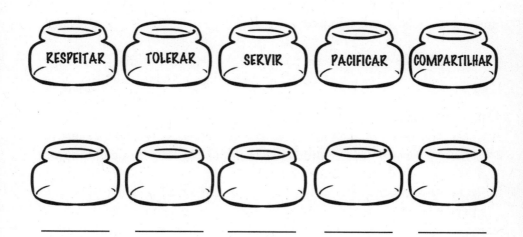

Além desses que sugeri, anote valores que você considera importantes nos potinhos sem identificação.

O exercício é o seguinte: você ficará vigilante durante todo o dia **observando suas experiências e percebendo os sentimentos verdadeiros de suas intenções em fazer alguma coisa.**

Pergunte a si mesmo: O que me moveu a fazer aquilo?

A cada gesto seu de tolerância, respeito, indulgência, ou seja, qualquer ação que remeta esses valores, você deverá pintar um grão no potinho do valor correspondente.

Por exemplo: Você atendeu ao telefonema de alguém da sua equipe que estava reclamando da empresa, então com muita paciência ouviu e ponderou, evitando conflitos maiores e orientou-o de forma que acalmasse a pessoa do outro lado da linha.

Nesse exemplo você praticou os valores da paciência e da indulgência. Então você deverá pintar um grão em cada potinho dos respectivos valores.

Seu objetivo nesse exercício é pintar todos os grãos nos potinhos, até conquistar os valores importantes para sua construção como indivíduo.

Você saberá quando deve pintar cada grão do potinho todas as vezes em que perceber que houve uma **ação verdadeira dentro de você**. Sem artimanhas, sem outras intenções. Perceba sempre qual o seu **real interesse**.

Nesse aspecto, ao **servir o outro**, adquirimos grãos de valores e aumentamos o conteúdo do nosso pote.

A Arte de se Relacionar

Qual o segredo de bem relacionar-se?

Na vida social de hoje para vencer você precisa se relacionar bem.

Sei que às vezes parece difícil estar sempre bem-disposto a dar um sorriso e estar pronto para ouvir uma reclamação, entendo que não é fácil, mas reforço que é necessário. E é nesses momentos que se diferenciam os melhores.

Quando você diz para a vida: "eu cansei" em relação ao esforço da amizade de alguém, você está expressando seu limite de se relacionar com essa pessoa.

O ser humano é um ser social. Portanto, é fundamental ir aos lugares, aparecer, deixar sua marca, participar ativamente.

Você precisa entender que para ser bem-sucedido em qualquer área da sua vida é muito importante saber se relacionar.

Conheci muita gente infeliz, com a capacidade intelectual desenvolvida, mas com a capacidade relacional atrofiada, ou seja, muito inteligente, mas com dificuldades enormes de se relacionar com os outros, de dialogar.

Jesus disse: "Ama ao próximo como a ti mesmo", então você só poderá amar alguém quando se amar. É a condição número um. Agora eu lhe pergunto: você se ama? Como você mostra para a vida toda a expressão de como você se ama?

O Detalhe que Faz a Diferença

"O sucesso ou o insucesso de um grande empreendimento é decidido pela capacidade de dar atenção aos pequenos detalhes."

José Julián Martí Pérez

Uma pequena diferença em desempenho faz uma grande diferença em resultado. Pense numa corrida olímpica de 100 metros. A diferença de milésimos de segundo define quem é o campeão. Você terá mais sucesso que seu concorrente pelo detalhe. Isso quer dizer que é preciso haver muita atenção em cada passo dado, desde o início, para sua caminhada rumo ao sucesso do seu empreendimento. Muitas vezes, um pequeno descuido pode ser fatal, por isso a importância do planejamento e da definição e metas. Ocorre que, na prática, é evidente que surgirão problemas e obstáculos, mas se você estiver realmente focado no cumprimento das tarefas que se fazem necessárias, em especial das menores, e diariamente, sem negligência, com certeza você terá o progresso desejado.

Ninguém prospera em saltos. Uma escada é galgada degrau a degrau, por isso requer paciência na atenção com o que parece não ser tão relevante, porque todo passo dado é importante no processo. Geralmente uma obra de escultura, por exemplo, é bem-feita quando o escultor capricha nos detalhes, para dar-lhe maior precisão. Assim foi com Michelangelo e com todos os grandes artistas.

Sobre detalhes, uma análise, por exemplo, sobre Michelangelo é muito interessante. Ele não foi o gênio maior da Renascença, se não fosse pelo seu extremo cuidado com o detalhe, em suas obras, principalmente esculpidas no mármore. O curioso é que a técnica exigida, na sua época, dispendia um grande esforço físico e mental, e capacidade de concentração. A talha em mármore não era um processo simples. Ele próprio escolhia os blocos de pedra a ser utilizados, e era muito mais exigente consigo na parte final do trabalho, quando se dedicava ao máximo no polimento final, para chegar à maior expressividade, para que sua obra fosse realmente admirável. E isso dependia de cada detalhe, que estava em suas mãos empreender.

O especialista João Werner explica que "a pedra de mármore própria para a escultura não pode ser extraída da pedreira através de explosões. A utilização de explosivos, tão comum nas pedreiras nos dias de hoje, esfacela o núcleo da pedra, criando trincas e rachaduras que comprometem a consistência da rocha. Para ser esculpida, a pedra deve ser cortada no método tradicional, isto é, inicialmente realizando uma série de furos profundos, em linha reta, sobre a superfície da qual se pretende destacar o bloco. Depois, com a colocação de cunhas em cada furo, ir martelando até que o bloco desejado se destaque da pedra". Por isso que "a talha também exige certos cuidados. O trabalho do desbaste deve ser realizado com batidas nos cinzéis de forma rítmica, isto é, cada batida da marreta no cinzel deve seguir uma cadência fixa. A razão disso é que cada batida realizada sobre a rocha cria ondas de reverberação que percorrem toda a pedra. Se as batidas não forem rítmicas, duas sequências de reverberações em momentos distintos podem trincar a pedra internamente". E ainda acrescenta: "Também a planificação da escultura deve ser precisa, pois a pedra não permite retoques. Uma vez talhada equivocadamente, não é possível realizar colagens ou remendos. Michelangelo trabalhava a pedra diretamente, 'libertando' a figura de dentro da rocha, como ele mesmo dizia. [...] O objetivo expressivo havia sido alcançado sem a necessidade dos acabamentos finais". Por fim, "o acabamento era uma das mais desgastantes e penosas experiências do ato criativo. Todo desbaste final, sutil, deveria ser feito com a utilização de pedras abrasivas, lenta e progressivamente, eliminando toda marca de cinzel que houvesse ficado".[7]

Assim também acontece no trabalho de vendas por relacionamento, no qual o detalhe realmente pode fazer o diferencial necessário para a atração de mais clientes, para sua fidelização. Por isso o modo da abordagem, as anotações adequadas, o retorno de uma chamada, a transparência e a motivação, tudo isso conta na soma dos esforços por manter e ampliar cada vez mais o número de clientes.

7

Tenha Dinheiro mas Não Deixe o Dinheiro Ter Você

> *"Se uma pessoa adquire a atitude correta em relação ao dinheiro, isso ajudará a endireitar quase todas as outras áreas de sua vida."*
>
> Billy Graham

O dinheiro tem de ser seu escravo, e não seu dono. O que eu quero dizer com isso? É que quando você conquistar coisas materiais, como seu carro novo, sua casa desejada, viagens etc., quando você for o "cara", não deixe que isso suba à sua cabeça. Conheço gente muito rica e pessoas que têm muito dinheiro. Sabe qual a diferença? O rico não vive por seu dinheiro, ele usa sua riqueza para melhorar o mundo, gerando riqueza para outras pessoas, enquanto os que só têm dinheiro vivem apenas para acumular mais e mais dinheiro.

Você poderá ganhar muito dinheiro e vai precisar saber também administrá-lo. Para fazê-lo render mais, minha sugestão é que você não aplique seu lucro num produto financeiro, como a poupança. Por quê? Vamos imaginar que você teve um lucro de R$ 1.000,00 no mês. Se você aplicar na poupança, seu rendimento será menos de 1%, ou seja, menos de R$ 10,00 ao mês. No entanto, se você comprar um produto que está em promoção, ou seja com descontos, e vendê-lo, terá um rendimento muito maior, podendo chegar até 100% do investimento, ou seja, poderá dobrar o valor investido.

Outra coisa que aprendi é que quando começamos a ganhar dinheiro, nós queremos gastar logo. Porque são muitas as necessidades e queremos supri-las. Muitas vezes, nem precisamos tanto de algo e, mesmo assim, vamos comprar. Portanto, é preciso que você mantenha o equilíbrio das despesas, principalmente no início. No livro *Pai rico pai pobre* (Campus, 2000) o autor Robert Kiyosaki conta que precisamos investir em coisas que nos colocam dinheiro no bolso. Chamamos isso de "ativos". As coisas que nos tiram dinheiro do bolso chamamos de "passivo". Por exemplo: se você começa a ganhar dinheiro e logo compra um carro novo, ele vai lhe tirar dinheiro do bolso, uma vez que junto com o carro, você terá outras despesas, como o IPVA, o seguro e, possivelmente, a prestação. Não estou dizendo que você não deve adquirir bens com seu dinheiro, mas apenas reforçando que você precisa saber o momento certo de fazer isso.

Outro ensinamento desse livro mostra que mentes derrotadas pensam dessa forma: "não posso comprar isso", enquanto mentes bem-sucedidas pensam assim: "o que posso fazer para comprar isso?". Veja que a diferença é sutil, mas poderosa para sua mente. Num caso, há uma afirmação negativa. No outro, uma pergunta, uma possibilidade. No primeiro pensamento, você fica sem alternativas ao dizer: "não posso". No segundo, exige uma reflexão, que o motiva a ir em busca de "como conseguir" o que deseja e, com isso, você mantém seu cérebro trabalhando até achar a solução.

Não importa então quanto você ganha. O fato é que você precisa investir seu lucro em "ativos", e não em "passivos".

Seja Grato

"A gratidão é a virtude da posteridade."
MARIE VON EBNER-ESCHENBACH

Há muitas virtudes apreciáveis na vida de uma pessoa, todas elas importantes na sua qualificação como ser humano. Contudo, de nada vale a coragem, a dedicação, a perseverança, o esforço e tudo mais se a pessoa não souber agradecer. A gratidão, portanto, é a virtude mais nobre, e a que garante maior admiração. No campo profissional de vendas por relacionamento, a fidelização do cliente é garantida não somente pela qualidade técnica do serviço prestado, ou do produto adquirido etc., mas pela atenção e pelo retorno ele que recebe, especialmente pelo agradecimento.

Todos os especialistas concordam sobre a importância da gratidão, como diz, por exemplo, Flavia Melissa: "não importa o que aconteça. Você pode bater seu carro, perder o emprego, terminar um relacionamento ou até perder alguém que ame: você vai continuar agradecendo. Você pode achar isso difícil, mas eu te digo: sentir-se grato é o primeiro passo para que você crie a realidade que deseja ver manifestada.". E menciona "um artigo científico sobre a gratidão, realizado pelos psicólogos norte-americanos McCullogh, Tsang & Emmons, ligados à Universidade de Miami e publicado no *Journal of Personality and Social Psychology* (86, 2004): 'Pesquisas sugerem que sentimentos de gratidão podem ser benéficos ao bem-estar emocional subjetivo. Nas pessoas que são agradecidas em geral, os acontecimentos de vida têm influência pequena na gratidão experimentada'. Isso significa que, ao nos sentirmos gratos, desenvolvemos a tendência de agradecermos pelas coisas que nos acontecem independentemente das coisas que nos acontecem. Como assim?

Assim: você vai se sentir grato pelas coisas, importando muito pouco quais sejam estas coisas. E não é isso que todos nós queremos? Nos sentir bem? Contentes com a nossa realidade? Satisfeitos com a vida que temos? [...] Sentimentos são energia e a primeira característica da energia é que ela se expande. Imagine, por um momento, o que seria viver em um mundo em que a gratidão fosse o sentimento predominante. Venha fazer a sua parte!".[1]

Por isso a gratidão é um sentimento que expande uma energia atrativa de boas coisas, de bom retorno e que abre portas para novas possibilidades, daí o efeito muito positivo. Muitas vezes, porém, na correria do dia a dia, por negligência, as pessoas se esquecem de agradecer, uma falha que não pode acontecer para quem realmente quer ter sucesso. E o agradecimento também deve ser natural, sincero e espontâneo, no campo pessoal e profissional, pois as pessoas percebem quando a gratidão vem mesmo do coração. E quando isso acontece, o efeito sempre é muito mais gratificante.

Desse modo, recomendo também o livro de Joaquim Mutim, *A importância da gratidão*,[2] cuja leitura será de grande proveito para entender o valor de agradecer a cada dia, todos os dias. No nosso trabalho, é preciso valorizar sempre o dia de hoje, pois é aqui que estamos situados, e a partir do qual, com a experiência que tivemos, podemos projetar novas e promissoras possibilidades. É o que diz Mutim:

> O momento atual lhe foi dado como um presente pela Vida. Portanto, nunca diminua sua importância. O "agora" é a ocasião mais importante de sua vida, é onde se concentram o passado e o futuro. O passado e o futuro são apenas lembranças e planos que estão no presente. Não desperdice esse grande presente se preocupando com o futuro ou se ressentindo com o passado. Todo o potencial infinito do universo está sintetizado no momento presente, o ponto de equilíbrio entre o que já existe e o que ainda vai existir. É o que une o céu e a terra, o material e o espiritual. Por isso, viva totalmente imerso no Agora!
>
> E ainda:
>
> Quando você manifesta a gratidão, ela tende a se repetir mais na sua vida. Quando você entra na sintonia energética do sentimento de gratidão, você acumula e emana essa energia e isso cria motivos para que você seja cada vez mais grato, as bênçãos vão se multiplicar e este ciclo vai ganhar cada vez mais força e equilíbrio no sentido da evolução. Quanto mais você investir sua atenção e seu foco no sentido da gratidão, mais ela vai estar presente em sua vida e através desta óptica a percepção da vida muda totalmente

porque não há mais espaço para sentimentos de nível energético inferior. A gratidão tende a se multiplicar não só na sua vida pessoal, como também acaba envolvendo as pessoas que estão a sua volta e com certeza o planeta e o Universo como um todo sentirão o eco desta gratidão.

Não se esqueça nunca de agradecer pelo que você é e pelo o que tem. Você pode ter várias formas de agradecimento, mas aquela de que mais gosto é a que se manifesta por uma atitude nobre.

Se você consegue mobilizar muitas pessoas para uma causa comercial, conseguirá também para uma causa social. O trabalho abnegado é tão importante quanto o trabalho remunerado.

São muitos os exemplos do que pode ser feito para você desenvolver uma ação social. Presenciei várias iniciativas de mobilização de pessoas, como a arrecadação de toneladas de alimentos aos mais necessitados, promoção de festas em creches e asilos, com a doação de produtos comercializados. Conheci líderes de vendas de uma empresa que trocaram presentes do amigo secreto por doação de brinquedos, roupas e remédios, e assim por diante. Como vê, há sempre muito o que fazer para dignificar nossas ações e gratificar nosso trabalho.

A gratidão é um estímulo que ajuda as pessoas a avançarem ainda mais. Recentemente, a Universidade de Miami realizou uma longa experiência, que demonstra que todo indivíduo que é grato, tem o corpo mais saudável. Concluiu que a ingratidão leva à doença, por um fenômeno psicológico, pois, todas as vezes que o indivíduo cultiva pessimismo, ódio, rancor, ingratidão e guarda culpa etc., o cérebro produz toxinas que são prejudiciais à saúde do corpo.

A gratidão pela vida vai fazer você uma pessoa mais feliz.

Escolha e escreva o nome de uma pessoa a quem ser grato.

_____

ATRAVÉS DO PENSAMENTO: envie durante o dia inteiro pensamentos de gratidão a essa pessoa
PELAS PALAVRAS: Telefone para essa pessoa e expresse sua gratidão.
POR ATITUDES: Ao encontrar essa pessoa, dê a ela um abraço e fale como você lhe é grato.

Sozinho Você Não Faz Nada

"O grande segredo para a plenitude é muito simples: compartilhar."
Sócrates

Você tem motivos para agradecer. Invista três minutos por dia pensando em três coisas positivas que aconteceram nas últimas 24 horas. Assim, pesquisas mostram que o cérebro é treinado para focar situações positivas, em vez de buscar só as negativas. Contudo, atenção: funciona apenas se pensar em coisas bem específicas. Ele cita o exemplo: "Obrigada pelo meu trabalho" não funciona, mas algo como: "estou grata pelo meu trabalho, porque fui elogiada hoje pelos meus clientes, o que mostra que estou no caminho certo".

Ninguém é feliz sozinho

Alimente seu espírito, fortaleça-o com uma oração. Encontre uma maneira de fazer algo para alguém.

Quando ajudar uma pessoa, não a julgue. Auxilie realmente por querer ajudar. E tenha cuidado com suas certezas absolutas. Esteja atento ao que você está percebendo como certo ou errado, pois nem tudo o que você vê ou percebe é, de fato, uma realidade. Muitas vezes, nossos olhos e nossos sentidos nos enganam.

O óbvio só é óbvio para uma mente preparada.

Nem sempre tudo o que você vê é, de fato, a realidade. Evite, portanto, conclusões precipitadas, principalmente em se tratando de pessoas.

Quem é solidário, não vive solitário. Multiplique seus negócios, dividindo sua experiência com os outros.

"Nenhum de nós sabe o que todos nós sabemos."

Desde os nossos ancestrais, a conversa é o nosso meio primordial de descobrirmos com o que nos preocupamos, de dividirmos conhecimento, de pensarmos sobre o futuro e agirmos em conjunto.

Quanto maior a rede de conexões, maior o conhecimento.

Por isso, o repertório individual CONTA!

Notas

CAPÍTULO 2

1. BENJAMIN NETTO. O sentido do trabalho: por Mário Sergio Cortella. *Vida de gestor*. Disponível em: <https://vidadegestor.com/tag/mario-sergio-cortella/>. Acesso em: 2 mai. 2016.
2. Disponível em: <http://exame.abril.com.br/rede-de-blogs/branding-consumo-negocios/2015/09/10/domenico-di-masi-fala-sobre-o-trabalho-no-seculo-xxi/>. Acesso em: 28 abr. 2016.

CAPÍTULO 3

1. MOURA, Paula. *Tem dois minutos? Já é o suficiente para ser mais feliz, diz especialista*. São Paulo: Uol, 23 jul 2015. Disponível em: <http://noticias.uol.com.br/ciencia/ultimas-noticias/redacao/2015/07/23/tem-dois-minutos-ja-e-o-suficiente-para-ser-mais-feliz-diz-especialista.htm>. Acesso em: 28 abr. 2016.
2. Disponível em: <http://www.cvdee.org.br/evangelize/pdf/6_0524.pdf>. Acesso em: 28 abr. 2016.

CAPÍTULO 4

1. Fonte: 43% das mulheres entre 26 e 35 anos compram cosméticos pela web. Disponível em: <http://ludovica.opopular.com.br/editorias/beleza/43-das-mulheres-entre-26-e-35-anos-compram-cosm%C3%A9ticos-pela-web-1.905660>. Acesso em: 28 abr. 2016.

CAPÍTULO 6

1. Disponível em: <https://www.google.com.br/?gws_rd=ssl#q=%2240%25+de+nossa+rotina+%C3%A9+feita+de+h%C3%A1bitos%22+universidade+duke>. Acesso em: 29 abr. 2016.

2. LUCAS, Miguel. Capacite-se e lidere-se para mudar os maus hábitos. *EscolaPsicologia*. Disponível em: <www.escolapsicologia.com/capacite-se-e-lidere-se-para-mudar-os-maus-habitos>. Acesso em: 2 mai. 2016.
3. MALAQUIAS, Alexandre. Fidelização de clientes. *Techoje*. Disponível em: <www.techoje.com.br/site/techoje/categoria/detalhe_artigo/871>. Acesso em: 29 abr. 2016.
4. AFTIMUS, Paula. O jeito certo de controlar seus gastos. *Meu bolso feliz*. Disponível em: <meubolsofeliz.com.br/noticia/o-jeito-certo-de- controlar-seus-gastos-pessoais/>. Acesso em: 2 mai. 2016.
5. COSTA, Flávio Martins da. Não basta ser bom, é preciso ter excelência profissional. *RH.com.br*. Disponível em: <www.rh.com.br/Portal/Carreira/Artigo/5222/nao-basta-ser-bom-e-preciso-ter-excelencia-profissional.html>. Acesso em: 2 mai. 2016.
6. MOURAO, Hellen Reis. Análise do conto O patinho feio. *Fãs da Psicanálise*, 14 out. 2015. Disponível em: <www.fasdapsicanalise.com.br/analise-do-conto-o-patinho-feio>. Acesso em: 2 mai. 2016.
7. WERNER, João. Análise do estilo de Michelangelo. *Aula de Arte*. Disponível em: <www.auladearte.com.br/historia_da_arte/michelangelo.htm#axzz40cyePi9E>. Acesso em: 2 mai. 2016.

CAPÍTULO 7

1. FASSINA, Andréa. Desafio: 300 dias de gratidão! Sem reclamar! *Só notícia boa*. 7 jun. 2015. Disponível em: <www.sonoticiaboa.com.br/2015/06/07/desafio-300-dias-de-gratidao/>. Acesso em: 29 abr. 2016.
2. Disponível em: <profdoni.pro.br/home/images/sampledata/2015/livros/A_Importancia_da_Gratidao_Joaquim_Mutim_ebook-1.pdf>. Acesso em: 2 mai. 2016.

Este livro foi impresso pela Assahí Gráfica em papel norbrite 66,6 g.